空間の重なりと
気配のデザイン

川添善行 著

鹿島出版会

OVERLAP

目次

目次

はじめに

建築デザインの講義は何を伝えるか

この本は、私が東京大学の大学院で担当している「建築設計学第二」という講義をベースに、いくらか加筆しながら書籍としてまとめたものです。建築学専攻には、座学としての講義の他に、スタジオと呼ばれるデザイン演習の科目もあり、良いデザインを生み出すためのスキルトレーニングは、どちらかというとスタジオの方で教員が学生の描く図面やつくりかけの模型を見ながら手取り足取り伝えるのが常です。では、座学としての講義がデザインに役立たないかというと、必ずしもそうではありません。そもそも世界をどう見るかは、その世界にどうつくるか、と直結しています。見ることはつくることだともいえます。建築を通して世界を見ると何が見えるのか、何を見るべきなのか。それを伝えることが建築デザインの講義の役割なのです。特にこの講義では、建築は都市とどのような関わりを持てるのか、空間を通して社会にいかにコミットできるのか、ということをテーマにしています。設計課題に没頭すればするほど、そして、建築の実務を経験すればするほど、より深く建築に入り込みます。そうした時にふと頭を上げると、その建築を取り巻く広い世界に気がつきます。たった一つの建築が、世界を変えることだってあります。そうした広がりの中で、建築を捉え直すこと、それが私の講義の、そしてこの本の到達地点です。

「トレーニング」か「学び」か

設計学と題されているのでデザインに関することを扱うのですが、デザインを学ぶにはスタジオと講義という二つのアプローチが存在しています。特定の要素技術だけを学ぶのとは異なり、デザインという科目にはスキルトレーニングという側面があります。例えば、自転車に乗る、というスキルを考えると、いくら自転車の乗り方を講義や教科書で教わっても、自転車に乗れるようになるわけではありません。座面とハンドルにかける体重のバランス、ペダルの漕ぎ方、その時の重心の位置、曲がるときの体勢やハンドルの切り方。体の別々の部位を上手に駆使しながら、全体としての動きを考えずに実行する。いろいろな動きを連携させながら、自転車に乗る、という行為の全体が実行されています。

建築の設計も、自転車に乗ることに近い統合的なアプローチが必要になります。敷地があって、どういう建物かという機能が決まっていて、学校のスタジオではなかなかいませんが、実際には施主がおり、施主の性格や言動もプロジェクトごとに違います。少なくとも法人なのか個人なのかということも違うし、プロジェクトにかける目的もさまざまだし、実際、建築の大半を決めるのはコストで、関係する法規もたくさんある。さらには、見た目の良し悪しだけで決まることなどなくて、構造の仕組みをきちんと考え、設備計画を考える。そうしたことを統合しつつ、その空間を体験する人の気持ちを想像し、琴線に触れるような空間をつくる。そして、こうしたものをすべて包み込んで、統合しながら最終的な設計を確定させていくわけです。

こういうことは、いくら誰かに教わっても、すぐに会得することは難しい。いくら本を読んでも、それだけではデザインはうまくはなりません。だからこそ建築学科の中には、デザイン演習、ここではスタジオと書いていますが、実際に手を動かす科目があって、その演習がカリキュラムの中心的な位置を占めるという、きわめて珍しい分野だと思います。

誰かの話を聞いてノートをとるというのが演習ではなくて、自分で手を動かして、それについてコメントをもらいつつ、しかしながら、そのコメントも別に正解へ誘導しているわけではありません。模範解答を誰かが見て、君の案は模範解答に近いから九〇点とか、君の案は模範解答から遠いから六〇点だとかいうのが演習ではなくて、どちらかというと、われわれがコメントしているのは、建築としてまとめあげていくプロセスの中で、どういうことに配慮しないといけないかとか、どういうふうな進め方をするとよりよい提案としてまとまっていくか、そういう考え方の筋道に対してコメントしているわけです。これは、正解か不正解かだけを追求する受験を経験してきた（私を含め）皆さんにはなかなかすぐに慣れるものではないかもしれませんが、でも、実際の設計もこういうものだと思います。

なので、デザイントレーニングとしての設計課題もしくはスタジオというのは、敷地のこと、構造のこと、設備のこと、お金のこと、そういう多種多様な情報をインプットしながらも、それを自分なりに統合していく、その統合の作法を会得することを目指しています。さらに言えば、単なる知識の詰め込みではなく、スキルトレーニングとしての設計課題を教育の根幹として皆が重要だと思っているという共通認識が存在していることが重要なのです。

だからと言って、デザインに関する講義に意味がないかというと、決してそうではありません。人間の発想というのは、知っていること、経験したことからしか生まれてきません。考えたことがないことを発想することはできません。日光東照宮の「想像の象」のように、自分が見たこともない象をある程度実物に近い形で描いた狩野探幽のような人もいますが、ほとんどの人にとっては一度も見たことのないものを描くということは不可能です。建築の課題は新しいものもあれば、いつの時代でも直面する普遍的な類のものもあります。その課題に対して、「昔の人はこう考えた」と思考の軌跡を追うことは、「こういうデザインをした」というカタログ的なものよりも長く残る財産となります。だからこそ、そうした思考の蓄積を新しい世代の人が継承することには大きな意味があります。必ずしも、同じデザインをする必要はありません。ただ、先人の知恵のありかを知っておくことは重要です。闇雲に手を動かしてスケッチをしたからといって、一〇〇〇年前の人が考えたことを知るなんてことはできないわけですから、そういった知識や見方、調べ方、そうしたものはやはり教わらないと、もしくは意識的に学ばないと身につけることはできません。スタジオというスキルトレーニングとしての演習と、自分の発想の幅を広げるための講義というのは、互いに補い合うものです。建築を設計するという、とてつもない挑戦に向き合っていくには、手と頭、体に染みついたスキルと知識の体系の両方が必要です。

私の担当する建築設計学第二という講義では、知識の体系、つまり、どのようなことを知っていないといけないか、もしくはどういう考え方をしていくべきなのかという頭の部分を鍛えていくための講義です。とはいえ、知らなければならないことは山ほどあって、そのすべてを講義という限られた時間の中だけで行うのは不可能です。皆さん自身でいろんなことを学んでいってもらうしかありませんが、本を読めば分かることは、本で読んでもらった方がよいので、ここではなかなか本には書いてないけど重要だと私が思うことを中心的に取り扱っていきたいと考えています。この講義で一緒に考えたいことは、端的に言うと「都市と建築の関係」です。なぜかと言うと、ほとんどの人が都市に暮らしていて、都市というもののいろんな恩恵を受けています。都市をつくっているのは、都市計画だけではありません。

いろいろな都市の写真を眺めていて気がつくのは、都市の大部分は建築物だというきわめてシンプルな事実です。大小さまざまな一つ一つの建築が集まることで都市は形成されています。建築に携わる人はもっと都市のことを考えなくてはならないのです。

スタジオとゼミ（講義）の2つの形式とその違い

制約なき時代の風景

近代化が進む前は、地域ごとの特徴を持った建物がありました。それは遠距離を結ぶ流通手段が限られていたり、使える材料が地域ごとに限られていたりと、地域の中で建築文化が完結するような制約があったからこそです。もし、そんな世界を自由に旅することができたなら、旅の楽しみは、きっと今よりももっと豊かなものだったのではないかと想像してしまいます。かつては場所ごとにそれぞれの風景がありました。各地の地域文化が育んだ建築が、各地の個性的な風景をつくっていたのです。それは、建築が都市を構成しているという事実に基づくからで、こういう時代は山形に行ったらこういうまちがあり、沖縄に行ったらこういうまちがありという具合に、日本国内で見ても場所ごとにそれぞれの都市の表情がありました。私は山田洋次監督の『男はつらいよ』シリーズが好きでよく観るのですが、長く続いたこのシリーズでは、時代ごとの風景の移り変わりがよくわかります。寅さんの人情味はいつの時代も不変なのですが、その背後の風景はどんどんと変わっていきます。古い年代のものほど、寅さんの背後の風景が目を見張るほどに個性的で美しいのです。柴又にいるシーンと日本各地の舞台にいる時のシーンの違い、つまり寅さんを取り巻く風景が見事なまでに対

山形の銀山温泉と沖縄の竹富島。
異なる風土は、それぞれに個性的な風景を生み出していました

比的に描かれ、細かな説明はなくとも場所の違いを容易に認識することができました。この風景の違いが、旅をする気ままな寅さんという人物描写を成立させていたとも考えることができます。

しかし、こうした地域ごとの特徴を現代において具現化するのはほぼ不可能です。ネットで注文したものが、翌日には玄関に届く時代です。これほどまで流通が発達した現代は、材料や工法の「制約なき時代」だということができます。教え子の松井一哲さんの研究では、材料の流通に注目して、建築の風土性がどのように発現してきたかを調査しました。この研究では、建築学会賞を受賞した作品を対象にしたのですが、学会賞ではなぜその作品が選ばれたのか、という選定理由が公開されています。単に受賞者を祝うだけでなく、その作品が選ばれた理由を公開することで、建築界全体へのポジティブな影響に配慮したのだと思いますが、その受賞理由を見てみると、一九四九年の第一回から一九七二年の第二四回まで、選定理由の中で風土に関して言及されたのは京都会館の一作品のみしかありませんでした。しかしながら、一九八〇年代および九〇年代になると、全一六作品（公共建築のみを対象としています）のうち、なんと一一作品においてなんらかのかたちで風土性が言及されるようになりました。つまり、建築家の側も、審査する側も、建築の良し悪しを評価する際に、風土というものがその評価基準として意識するようになったということです。この背景にはいろいろな理由があると思いますが、その一つは一九八〇年代初頭にケネス・フランプトンが紹介した「批判的地域主義」の影響があるのではないかと松井さんは考察しています。また、建築における風土性の実現には材料選定が重要なのですが、受賞作品に使用されている材料が、実際にどれくらいの距離を運ばれて施工されたかというデータを、それが加工された場所や産地にまで遡って検証しました。分析してみると、風土性を大切にした建築物に使用された材料の中で、最も輸送距離が短い素材はコンクリートであることが判明したのです。これは、コンクリートの材料になる骨材やセメント自体が日本各地で入手できることや、原料による品質のばらつきが少ないことが要因だと思われます。最も輸送距離の短い、風土的な材料がコンクリートであるという結果に、私も松井さんも大変驚きました。これが「制約なき時代」の現実なのだろうと思います。私たちは、風土という概念、地域性という価値について、その考えを新たにしなくてはならないのでしょう。

こうした時代に、本当に個性的なまちをつくろうとすると、むしろテーマパークのようになってしまう可能性もあります。「制約なき時代」において、都市の個性をどう考えていくのか、その時に建築は何をするのかというのは、今でも難しい課題です。「制約なき時代」

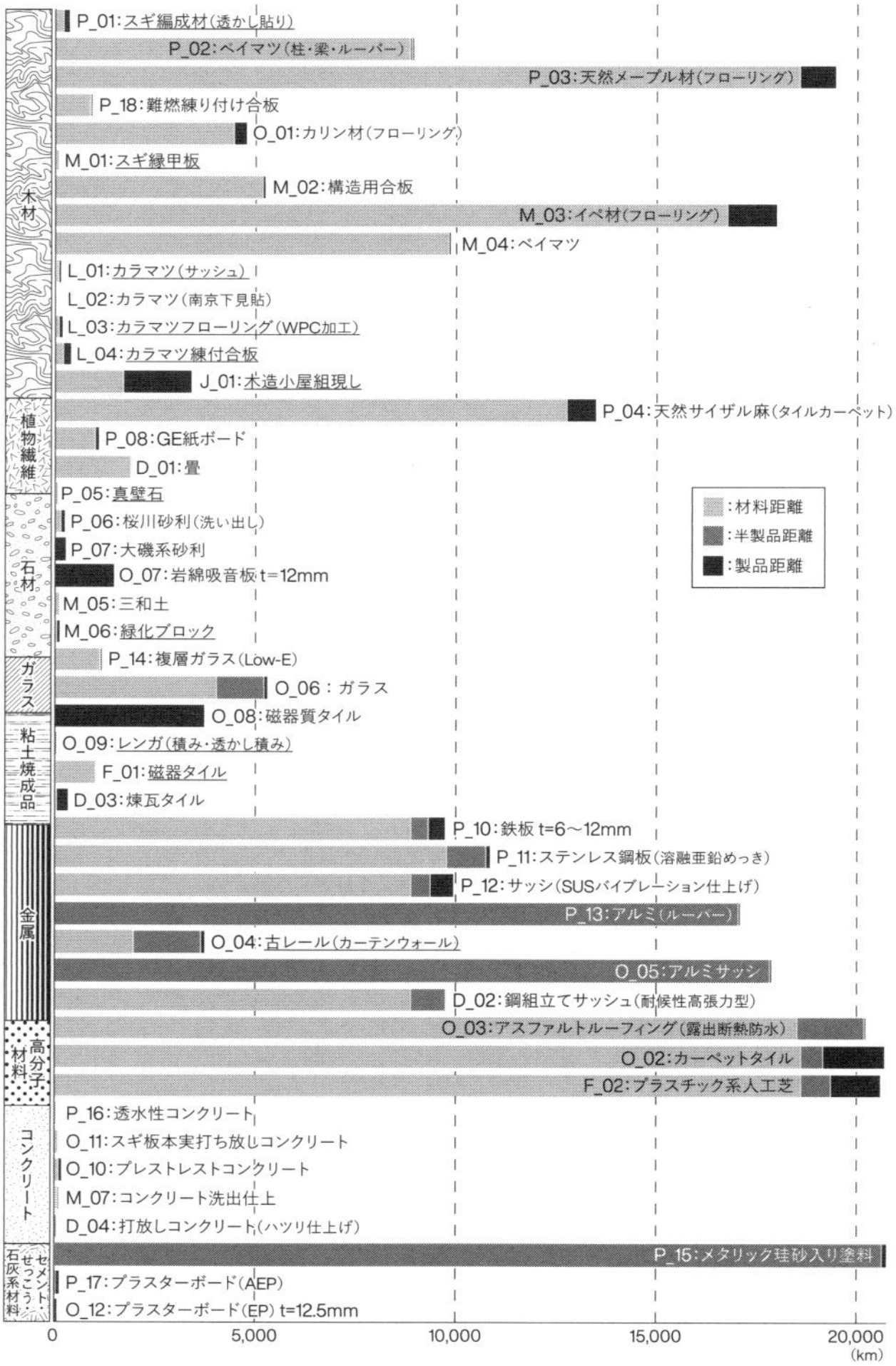
木材
植物繊維
石材
ガラス
粘土焼成品
金属
高分子材料
コンクリート
セメント・せっこう・石灰系材料
P_01:スギ編成材(透かし貼り)
P_02:ベイマツ(柱・梁・ルーバー)
P_03:天然メープル材(フローリング)
P_18:難燃練り付け合板
O_01:カリン材(フローリング)
M_01:スギ縁甲板
M_02:構造用合板
M_03:イペ材(フローリング)
M_04:ベイマツ
L_01:カラマツ(サッシュ)
L_02:カラマツ(南京下見貼)
L_03:カラマツフローリング(WPC加工)
L_04:カラマツ練付合板
J_01:木造小屋組現し
P_04:天然サイザル麻(タイルカーペット)
P_08:GE紙ボード
D_01:畳
P_05:真壁石
P_06:桜川砂利(洗い出し)
P_07:大磯系砂利
O_07:岩綿吸音板 t=12mm
M_05:三和土
M_06:緑化ブロック
P_14:複層ガラス(Low-E)
O_06:ガラス
O_08:磁器質タイル
O_09:レンガ(積み・透かし積み)
F_01:磁器タイル
D_03:煉瓦タイル
P_10:鉄板 t=6〜12mm
P_11:ステンレス鋼板(溶融亜鉛めっき)
P_12:サッシ(SUSバイブレーション仕上げ)
P_13:アルミ(ルーバー)
O_04:古レール(カーテンウォール)
O_05:アルミサッシ
D_02:鋼組立てサッシュ(耐候性高張力型)
O_03:アスファルトルーフィング(露出断熱防水)
O_02:カーペットタイル
F_02:プラスチック系人工芝
P_16:透水性コンクリート
O_11:スギ板本実打ち放しコンクリート
O_10:プレストレストコンクリート
M_07:コンクリート洗出仕上
D_04:打放しコンクリート(ハツリ仕上げ)
P_15:メタリック珪砂入り塗料
P_17:プラスターボード(AEP)
O_12:プラスターボード(EP) t=12.5mm
:材料距離
:半製品距離
:製品距離
0
5,000
10,000
15,000
20,000
(km)

素材別輸送距離

の都市の個性はどうやって形成されうるのでしょうか。そうしたことに建築として、もしくは建築を専門にする私たちが、どのようにアプローチしていくかという問いに対して、まだ明確な答えは出ていません。私自身が関わっている全国各地のプロジェクトでも、この難しい問いに直面し試行錯誤しています。しかし、悪いことばかりではありません。今、都市と建築の関係においては、解決しなくてはならないけれども答えが見つかっていないフロンティアが存在しています。答えが見つかっていないからこそ、挑戦しがいがあるのだと思います。

この本で伝えたいこと

一九六〇年代の終わりから七〇年代の初めにかけて建築家による「都市からの撤退」が唱えられて以降、都市と建築の関係を根本的かつ継続的に捉える試みはほとんど行われてきませんでした。一方、国連の統計によると、世界の半数以上が都市に暮らすという人類で初めての時代に突入しているのが現代です。世界的に見れば、「都市の時代」に突入しています。

今、「都市からの撤退」と「都市の時代」をもう一度つなぎとめる方法が必要とされています。建築のお隣の都市計画の分野では、コンパクトシティやタクティカルアーバニズムなど、近年の動向を睨んだ取り組みが継続的に行われています。しかしながら、都市を構成するはずの建築の側からは、積極的な働きかけが行われてこなかったというのが私の問題意識です。

この書籍では、「空間の重なり」という現象に着目し、二一世紀なりの都市と建築の新しい関係を提唱します。この本で伝えたいことをまとめると、主に以下の三点になります。

- 近代建築は「空間」という概念を完成させたが、芸術からの影響を受けたフォルムから始まった運動であったため、完結的で外部環境とは切り離された建築であった。
- 日本のようなモンスーン地域の都市では、はっきりとした境界線で都市と建築を切り分けるのではなく、厚みを持った境界空間として、都市と建築の空間を重ね合わせることが重要。
- この空間の重なりを繰り返すことで、多くの人々が参加できる積み上げ式の都市デザインを行うことができ、都市と建築の関係が再構築される。

では、次章から、それぞれの具体的な内容について話をしていきたいと思います。

第1章

空間の重なり

夜のカフェテラス

オランダに留学していた当時、フィンセント・ファン・ゴッホ（一八五三－一八九〇）の絵を見る機会がよくありました。彼の不器用な生きざまとそこから生まれる芸術のありさまは、いつ見ても心の奥に入り込んでくる何かがあります。そんな彼の作品の中に、『夜のカフェテラス』という一枚の絵があります。アルルに来てから彼の画風が変わったと言われますが、この作品はアルルの星空の下で建物と通りの間の空間に人々が集う光景が描かれています。この空間には光が溢れ、楽しく談笑する人々の声すらも聞こえてくるかのようです。建物の一部でもあり、それでいて通りの一部でもあるような、こうした重なり合う空間だからこその楽しさが豊かに描かれています。軒に溢れる光の黄色と、星空の深い青とのバランス、通りの舗装にも映り込んだ光の具合など、いつまでも見ていられる大好きな一枚です。

この絵の中の空間が、この本の通底したテーマになっています。世界中を旅していると、こうした内と外が重なり合う空間には、各地の地域性がよく現れることがわかりました。世界各地の人々は、こうした空間で思い思いの過ごし方をしているようです。つい先頃、一〇年以上の年月をかけて完成したインド工科大学の設計をしている時に印象的だったのは、太陽

ゴッホ『夜のカフェテラス』（1888）建築と都市との関係が表現されています

インドの市場。いろいろなものがぶら下がっている

の光について日本人とは明らかに異なるメンタリティを持っていることでした。日本の場合では、日当たりの良い南向きへの志向が広く浸透していますが、インドでは建物を設計する際には現地の強い太陽の光をいかにコントロールするかに注意を払う必要があります。そうした太陽光への距離感ともいうべき態度は、半外部空間にも反映されていて、布のようなものをうまく使いながら太陽光を調整する半外部空間が生み出されています。そうした空間では、布を透過する光が生み出す幻想的な半外部空間を体験することができます。

国際コンペに参加するためにベトナムに行った時も、その空間の多様さに驚きました。建築とも言えず、都市とも言えず、なんとも面白い空間。そして、人々はその空間の中で、実に生き生きと過ごしています。建物の中に閉じこもるのでもなく、街を出歩くのでもなく、時には一人で佇み、時には家族や友人とおしゃべりをしたり、ものを食べたりしながら、自分の時間をゆっくりと過ごしている。台湾でもこうした場所に出合いました。どうしてこのような空間が生まれ、なぜこの場所は、こんなにも魅力的なの

もはやここが歩道なのかどうなのかさえわからなくなるくらいに、使い込まれている

ベトナムの街角。樹陰と軒下に人の居場所が生まれています

こうした場所があると、この街は夜に出歩いても安心なんだと思えます

フィールドオフィス・アーキテクツ設計の羅東文化工場。とても気持ちの良い空間でした

人が歩く道だから「歩道」だと思うのですが、その概念すら揺らぐ光景を目にしました

だろうか。私は、このことに次第に関心を持つようになりました。

それは、内部の延長でもあり、外部の一部でもある、そういう空間です。内部の空間と外部の空間が重なり合うという意味で、こうして生まれる空間を「空間の重なり」と名づけようと思います。

こうした空間は、海外の街角にだけあるわけではありません。例えば百貨店が入っている日本生命岡山駅前ビル（一九七三）は、岡山駅に面した場所にあり、村野藤吾（一八九一－一九八四）が設計した都市的な建築です。ファサードは、中央部が丸くへこんだPC版によって垂直性が強調されつつ柔らかな豊かさが感じられるデザインになっています。写真を見ると敷地境界から後退していることがわかると思いますが、この建築は岡山市が一九七一年から始めた、市役所筋両側の建物のセットバックの第一号となったそうです。一階外壁を歩道から五メートルセットバックし、さらに建築側でもアーケードを設けることで、快適な歩行者空間を駅前につくり出すことに成功しました。百貨店としては、少しでも売り場面積を確保したかったと思いますが、それでもこうした都市的な空間をつくり出すことになる価値は計り知れないと思います。もう一枚の写真は、京都駅前の複合ビルの一階にあります。後ほど説明する講義の演習を行った際に、履修していた学生に教えてもらいました。天井のリズ

上：村野藤吾設計の日本生命岡山駅前ビル
下：京都駅近くの商業ビル

ミカルな形態や通りへの抜け感、レベルの設定、建築の壁面のオーニングなど、うまいバランスで成立していると思います。また、先日たまたま訪れましたが、浅草の仲見世なども空間の重なりが連続して見所の多い空間が構成されています。

「幾重にも重なる」という言葉の語感が持つ、壮大さや雄大さ、単純には表現できなさそうな豊かな全体感は、「重なり」という単語が生み出す何らかの性質に起因しているようです。「重なり」とは、あるものが複数ある状態を指しますが、「多い」とか「たくさん」といった言葉とは違って、単にものの数の多寡を表すのではなく、複数のものの集まり方そのものを表しているように感じられます。

音楽の演奏に、重奏という型式があります。重奏とは、複数の演奏者がいるものですが、合奏が同じパートを複数の演奏者が受け持つのに対し、重奏はそれぞれのパートを一人の演奏者が受け持つ、というものです。三重奏や四重奏などが有名ですが、それぞれのパートを受け持つ演奏者の個性も感じつつ、独奏とは異なるアンサンブルの豊かさを楽しむことができるのが特徴です。

ちなみに、日本語では、三重奏、四重奏と人数に応じて単語の中の数を変化させる形となっていますが、本来は trio、quartet とそれぞれに単語が存在しています。日本語の中に相当する単語がなかったから、苦肉の策としての訳語が生み出されたのだと思いますが、「奏《かな》でが重なる」という言葉からは音楽の豊かさが伝わってくるようで、とても素敵な言葉を発明したと思います。

このように個性を残したまま融合するという意味の他に、「重なり」という言葉にはもう一つ、別の側面をもった意味もあります。例えば、「努力を重ねる」や「年月を重ねる」という使われ方をする場合、この言葉はある瞬間の一回限りの行為を意味するのではなく、ある期間内に繰り返し行われる行為を意味します。つまり、この「重なり」は、同時には起こっていない複数の事象を表す言葉だといえるでしょう。つまり、「重なり」とは、ある時間的な長さの中で、それぞれの個性を残したままで新しい全体をつくるような、そういう考え方を表していると捉えることができるでしょう。「重なり」は、ただの組み合わせの方法論ではなく、他者に対する態度そのものなのです。

空間がもつ「分ける」という働きは、これまで多く利用されてきました。身分の違いを空間の違いに翻訳した書院造りをはじめとして、ある社会をより細かなグループに分けるという空間の働きを、私たちは歴史的にも数多く利用してきました。レストラン、学校、会社、マンションなど、特定のグループに属していない人にとっては、どこか居心地が悪いと感じるような領域づくりは、ある時には防犯などの効果を果たしてきました。一方で、空間による過剰な囲い込みは、社会を分断し、都市と建築の関係を切断してきたのです。空間の持つ「分ける」働きばかりを加速させてしまうと、ずいぶんと生きづらい社会になってしまうのではないでしょうか。

社会の仕組みがどんどんと精緻化し、世界は多くの空間に分けられています。こうして、世界が分けられれば分けられるほど、空間を扱う建築家は、そのカウンターとなるような空間を生み出さなくてはなりません。「分ける空間」に対峙できるのは、「重なる空間」であり、細切れとなった世界のバランスを取るのは、空間を「重ねる」というアプローチです。

もし、この世界の空間が「分ける空間」と「重なる空間」の二種類あるとすれば、私は「重なる空間」にコミットしていたいと思います。

うかんむりの働き

漢字の「宀《うかんむり》」は上から屋根をかぶせた家の形を表しており、家の種類や状態など、広く住まいに関係した字が集まっています。つくりとなる漢字の意味を残したまま建築化するという意味で、私たち建築家にとって切っても切り離せない部首だと言えます。

例えば、「安」という字は、「宀」と「女」を組み合わせ、女の人が家の中に落ち着いている様子を表し（男はどうするのか、ということはさておき）、「室」は「宀」に行き止まりを表す「至」を組み合わせることで、一番奥の行き止まりの部屋を表しています。ちなみに「家」は「宀」に豚を表す「豕」を組み合わせ、大切な家畜に屋根をかける様子を表しています。家は、人よりも豚のためなのですね。

さて、このように、うかんむりは、その下に入る漢字の意味を尊重しつつ、そこに覆いをかけることで、建築的な言葉に変換するという、なんとも興味深い働きを持った部首で、私はあえて建築的な部首と呼びたいですが、そのような役割を持った部首なのです。この「うかんむり」の働きは多くの示唆に富んでいます。これまで私たちは、単独での個性を追い求める建築ばかりを志向してきましたが、いろいろな活動を建築へと昇華するような、うかんむり的な建築だってありえるのではないかと、うかんむりが生み出す言葉の豊かさを見ながら考えました。

では、うかんむり的な建築とは、どのようなものでしょうか。それを実現する空間はどん

家	安	守	宅	完	実
宇	宙	宗	宋	定	宝
室	客	宣	害	宮	容
宴	宵	宿	寄	寅	寂
寒	富	寛	寝	察	寡

うかんむりの漢字の一例

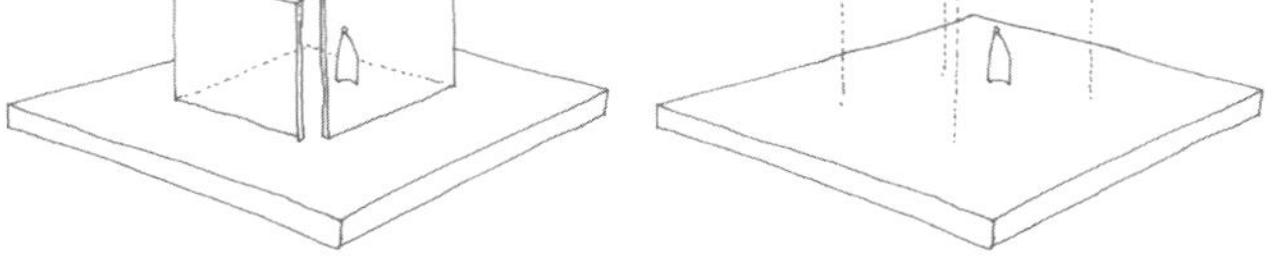

$\frac{5}{5}$ 空間　　$\frac{1}{5}$ 空間

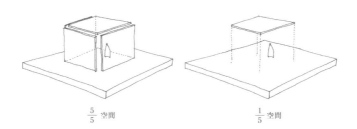

5/5空間と1/5空間。6面ではないのか、と聞かれますが、建築があるところには、必ず地面があるので5面としました

な条件を満たせば良いのでしょうか。通常、空間とイメージすると、地面があり、屋根があり、前後左右を囲まれた状態をイメージします。しかし、うかんむり的な建築は、こうした完全な空間だけではないのかもしれません。地面は誰にとっても存在するとして、地面以外の五面は場所によってあったりなかったりします。例えば、広い野原の真ん中に立てば、その人にとっては地面しかありません。地面以外に屋根しかない場合もあります。屋根と四周の壁の合計五面がすべて揃っている完全な空間を五分の五空間とするならば、屋根しかない空間は五面のうちの一面しかないわけですから、五分の一空間となります。こうした五分の一から五分の四空間のような不完全な空間のあり方は、うかんむり的な建築を考えるヒントになりそうです。

例えば、次頁の写真を見てください。人は自然に日陰の方へと集まっています。皆さんも、こんな経験をしたことがあると思います。日差しが強い日など、どうしても日陰の方に行きたくなりますよね。また、寒い日は、暖かい日なたに自然と足が向かってしまいます。日本の気候では、夏は建築がつくり出す日陰が都市にとって重要となります。雨が降って雨宿りする空間も最近は少なくなりましたが、建築がつくり出す大切な空間ですよね。気候に対して快適であるかどうかは、その地域の建築のあり方を強く規定しています。人類は何世代も

日本でも、厳しい気候の時期ほど、都市空間の質が問われます

かけて、環境に対して合理的な選択を積み重ねてきました。そして、そうやって生まれてきたサイトスペシフィックな建築は、環境に対応した都市空間を提供してきました。その積み重ねの結果、夏は蒸し暑く、冬はそれなりに寒いという日本の気候は、開放的な広場を中心に都市が構成される地中海沿岸とは異なる都市空間を生み出しました。そしてこれは都市空間だけにとどまる話ではありません。そうして生み出された環境は、私たちの思考に大きな影響を与えます。私たちは、環境の中で考える生き物だからです。

建築といえば、五面がきちんと揃った五分の五空間を想定しがちですが、都市と建築の間にあるような五分の一空間がつくるうかんむり的建築にも、文化や環境の知恵が詰まっています。私たちは、空間というものの考え方、建築のつくられ方にもう少し幅をもっても良いのではないでしょうか。その幅こそが、もっと豊かな都市との関わりを生んでくれるからです。

空間の切り分けとオーバーラップ

都市と建築の間を一本の境界線としてイメージしてしまうと、都市と建築が切り分けられてしまいます。しかし、まちを歩いて観察してみると、実際には奥行きを持った空間であることが多くあります。内部空間の一部でもあり、都市空間の一部でもあるような、そういう多義的な重なりを持った空間は時に非常に魅力的です。つまり、境界「線」ではなく、境界「空間」としてイメージを持つことが大切なのです。

二〇一六年に大学院生を対象にしたスタジオ課題で、「見える・見えない／行ける・行けない」という課題を出したことがありました。このスタジオでは、都市の中にある道路などの公的空間以外の「誰かの敷地」内の空間を「見える・見えない」という軸と「行ける・行けない」という軸の二軸で分類してみるという課題をつくりました。例えば、「見える」かつ「行ける」場所は、皆さんが最も想像しやすい空間の重なりが見られます。一般的なオープンカフェなどもこの類型に属します。街から空間の重なりでの活動を視認でき、かつそこに簡単にアクセスできる。この領域の活動は、都市にも良い影響をもたらします。また、オープンカフェがそうであるように、この領域から都市を眺めるという行為も、都市を視対象とする視点場を創出するという点で非常に重要な意味を持っています。都市を眺めることで、都市に対しての愛着が湧いてきます。

では、次に「見える」けれど「行けない」という場所は、どのようなものでしょうか。大きなガラス窓を持ったレストラン（お金を払わないと入れないという意味として）のような場所が思い浮かびます。そして、おそらくその場所を自分の領域とは認識しないはずです。ショーウィンドウの中もそうかもしれません。しかし、そうやって見ることができるだけの場所も、都市を歩く体験にある種の面白さを生み出してくれます。距離的には近いけれども行けない川の対岸を眺めながら川沿いの道を散歩するような面白さでしょうか。では、「見えない」けれど「行ける」場所とはどのようなものでしょうか。例えば、料亭などが当てはまるかもし

行けると見えるの4象限

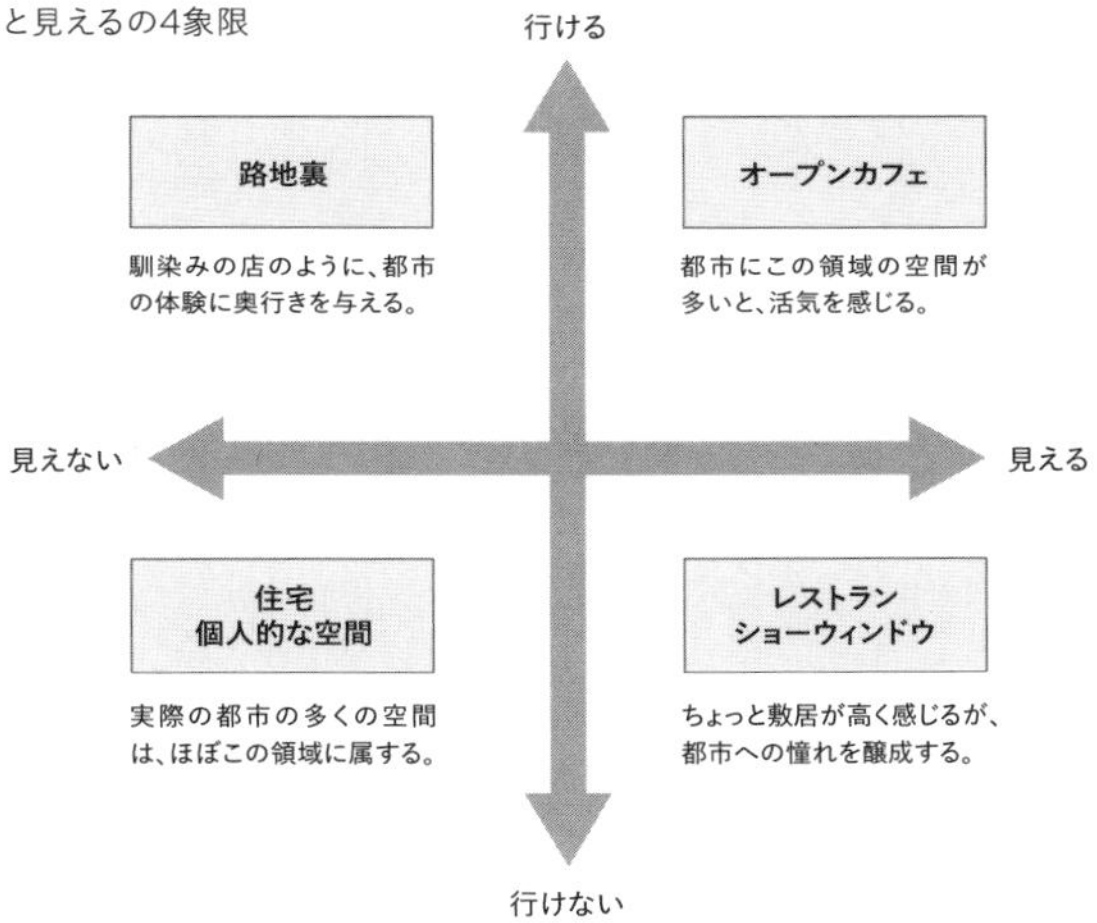
行ける
路地裏
馴染みの店のように、都市の体験に奥行きを与える。
オープンカフェ
都市にこの領域の空間が多いと、活気を感じる。
見えない
見える
住宅
個人的な空間
実際の都市の多くの空間は、ほぼこの領域に属する。
レストラン
ショーウィンドウ
ちょっと敷居が高く感じるが、都市への憧れを醸成する。
行けない

れません。暖簾があり、路地があり、中が見えないけど物理的には行ける。ただ、誰もが気軽に入れる場所ではないでしょう。「見えない」けれど「行ける」場所がたくさん連続する場所は、ある種の趣が生まれやすいように思います。ちなみに、「見えない」かつ「行けない」というマトリックスの最後の領域は、完全に占有された領域になり、それぞれの人が自分なりの過ごし方をする場所となります。住宅街はほとんどがこの領域の空間でできています。このように空間の重なりのつくられ方にもいくつかの種類があり、それらが組み合わされながら都市の総体が構成されているのです。ちなみに、このスタジオ課題では、この四種類の空間の重なりを都市の中で具体的に採集した上で、これらを組み合わせて都市のような複雑性を持った建築を設計する、という課題としました。学生たちも、さまざまな敷地を対象としながら創意工夫に富んだ提案をしてくれました。彼ら・彼女たちからは、東京の複雑な都市体験を生み出しているメカニズムの一端がよくわかったという声が聞かれました。

都市と建築の間の空間の重なり方は、二一世紀になった現代でも、建築家にとっても都市計画家にとっても難しい問題だと思います。内側の視点から見れば建築は個別的でユニークなものでありたいし、都市の側からすればある程度コントロールされたものであってほしい。地域全体から見れば、その地域に共有された何らかの価値を体現するようなものであってくれたらと願う。視点が異なれば、空間の重なりに求めるものが異なり、それらは矛盾すらしている、という領域です。だからこそ、内部の豊かさ、外部の豊かさ、両方の豊かさを同時に実現できるような、そういう空間のあり方を見極めることがとても大切になってきます。

これは、世界各地の気象条件を一つにまとめたグラフです。例えば、都市文化発祥の地であるアテネは、降水量が年間を通して少なく、夏は特に空気が乾燥していて、外部空間でも日陰さえあれば快適に過ごせそうです。ヤン・ゲールが活躍するコペンハーゲンや、タクティ

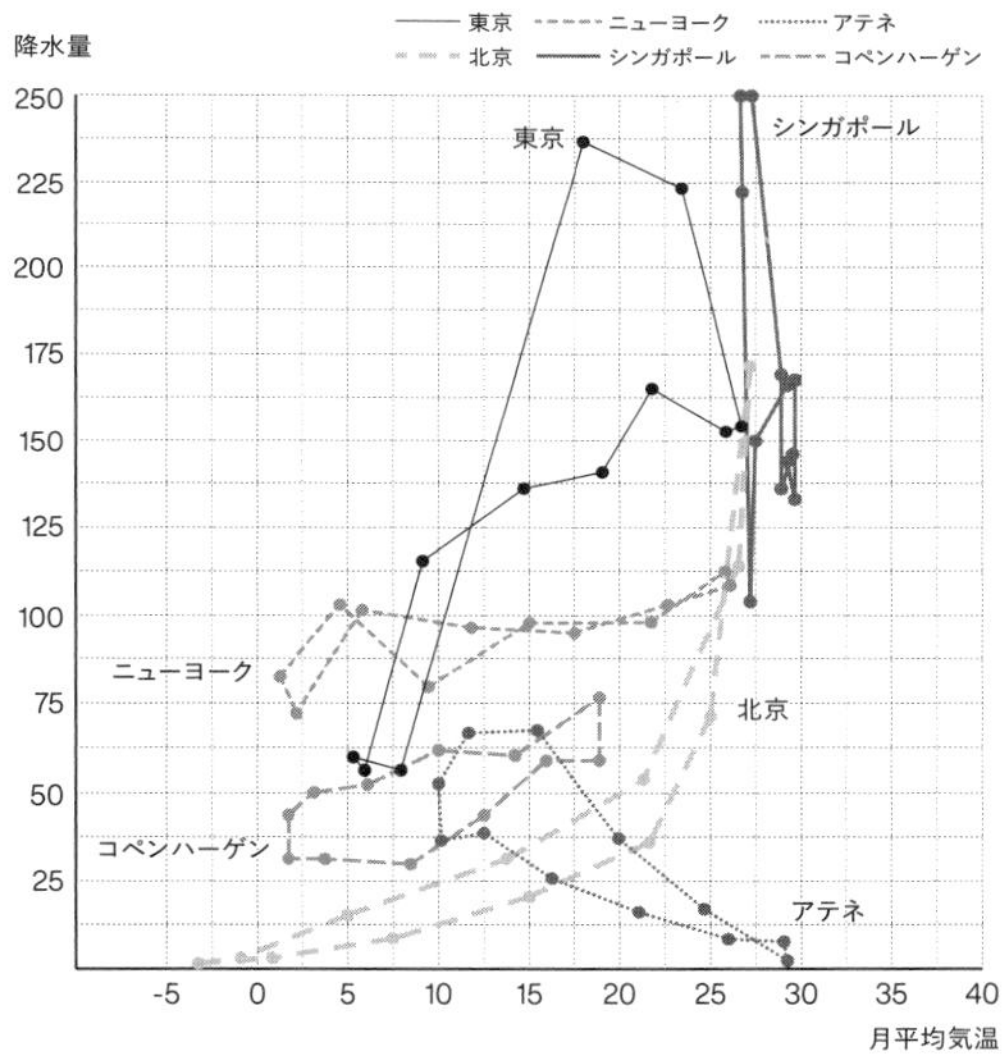

各都市の気温と降水量のグラフ

カルアーバニズムの試みが展開しているニューヨークなどは、年間の降水量がほぼ一定で、冬は相当に厳しそうですが、夏は快適に外部空間を満喫できる気候であることがよくわかります。一方、アジアの都市を見るとそれらとはだいぶ気候が異なります。全体的に右肩上がりのグラフとなるという共通点を見出すことができ、夏は気温が上がるだけでなく降水量も多くなる一方、北京などは相当に厳しい冬がやってきます。こうした気候では、外部空間を楽しむ工夫を考えろと言ってもなかなか容易ではなさそうです。世界的に見て外部空間の活用方法として先進的な試みを行っている都市は、そもそもそれを可能とする気候的条件が揃っていると言えますし、アジアの気候において外部空間で何かをしようと思うと、地中海沿岸や西欧都市とは明らかに異なるアプローチを取らざるを得ないことがすぐに理解できます。

そして、こうした気象条件の違いは、外部空間だけでなく、当然ながら建築の構成そのものにも大きな影響を与えます。次頁の図はシドニーのオペラハウスを設計したヨーン・ウッソン（一九一八-二〇〇八）が日本の建築の構成をスケッチで表したもので、屋根と床が建築の主要な要素であることを的確に表現しています。このように、建築のつくられ方は、壁によってつくられる建築と、屋根と床によってつくられる建築の二種類があることがわかります。雨の多い地域では、建物へのダメージを防ぐため屋根に降った雨を建物からできる限り遠くへ落とす必要があります。雨が身体や身の回りの物を濡らしてしまっては不快ですし、水は木材などの有機物を腐らせてしまうからです。すると、壁よりも屋根が外に出るような屋根の建築が生まれます。そして、屋根の建築だからこそ、ふすまやすだれ、みすのような間仕切りが生まれました。「仕切る」と「つなぐ」が併存した建具によって、空間が仕切られたり重ね合わされたりするようになりました。これが空間の重なりが私たちの文化に深く刻み込まれることになった理由です。

　一方、有名なローマの地図を描いたジャンバティスタ・ノリ（一七〇一－一七五六）が題材としたのは、比較的乾燥した石造の都市であって、私たちが暮らす湿潤なモンスーン気候とはだいぶ異なります。少なくとも私たちが暮らすモンスーン地域においては、都市と建築の境界はノリの描いたような、はっきりとした境界「線」にはなりえないことがわかると思います。つまり、内外をはっきりと切り分ける境界線ではなく、奥行きを持った空間の重なりが生まれるはずです。そして、そこから浮き彫りになるのが、都市と建築の新たな関係です。

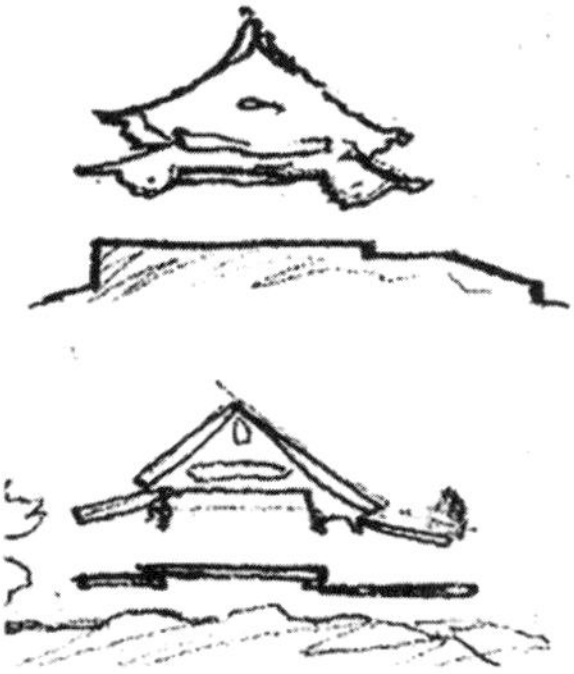

ウツソンのスケッチ

羅生門

ある日の暮方の事である。一人の下人が、羅生門の下で雨やみを待っていた。

広い門の下には、この男のほかに誰もいない。ただ、所々丹塗の剥げた、大きな円柱に、蟋蟀が一匹とまっている。羅生門が、朱雀大路にある以上は、この男のほかにも、雨やみをする市女笠や揉烏帽子が、もう二三人はありそうなものである。それが、この男のほかには誰もいない。

芥川龍之介の『羅生門』（一九一五）の書き出しは、ある一人の男が羅生門の下で雨宿りをしているシーンから始まります。男の他には誰もおらず、ただキリギリスが一匹とまっているだけ。荒涼とした風景が目に浮かびます。舞台となる京都では、地震や火事、飢饉などの災害が続き、まちがさびれ、羅生門も荒れ果てています。この羅生門の下という場所は、二つの意味での空間の重なりとして描かれています。一つは、文字どおり門という機能が持つ都市の内と外の重なりとしての空間です。門には雨宿りができる程度に屋根があり、それが単なる境界線ではなく、空間としての奥行きを持っていることを示しています。つまり、この門が単なる扉ではなく、きちんと空間をつくり出していることが明示されているわけです。もう一つの重なりは、登場人物の中に混在している善悪の境界です。羅生門を読んだことのある人は、この後の登場人物の心の動きを覚えていると思いますが、この空間の重なりをきっかけに登場人物の善悪の判断が揺れ動き、反転していきます。つまり、善悪の境界線ははっきりとしているわけではなく、ある程度の幅の中に善と悪が共存しているのです。両義的な重なりとしての羅生門を冒頭に描き、一人の男をそこに置くことによって、芥川はその後、善と悪のはざまで揺れ動く主人公の生きざまを暗示しているのです。門や橋は、二つの異なる世界をつなぐものですが、特に日本の門には屋根があることも多く、門そのものが奥行きを持っています。つまり、境界はしばしば空間が重なり合う場所でもあるのです。芥川は、空間の重なりによって生まれる境界の多義性によって、善と悪という一見対立しているかのように見える価値観の間にある幅や奥行きを暗示し、物語を展開させる手がかりを構築的に埋め込んだということができるでしょう。

渋谷とジベタリアン

最近は、すっかり聞かなくなりましたが、ひと昔前、渋谷に集まるジベタリアンと呼ばれる人たちのことが話題になりました。ジベタリアンとは「地べたに座り込む人」という意味で使われていた言葉で、そうした行動がだらしないという非難であったり、そうやって座り込むような、(主に)若者に対して、年長者がその行動規範が理解できない、というニュアンスを込めて使われていた言葉だったと記憶しています。しかし、私たち建築家は、単に若者文化という側面だけでなく、そうした行動を誘発するハードの方に注目するべきだと思います。渋谷には、道玄坂や宮益坂をはじめ、いくつもの坂道があります。駅を中心とした谷地形だからこそ、駅から街へ、そして、街から駅へと歩こうとすると、おのずと坂道を上り下りすることになります。さらに、もともとの渋谷は、人の集まる都市にもかかわらず、一つ一つの敷地のサイズが小さいという特徴もあります。この二つの条件、つまり、坂道の地形と小さな敷地割という条件が重なることが、渋谷の都市空間の面白さを生み出しています。もし、坂道の地形がありつつ、敷地の大きさが広いとしましょう。そうすると、敷地の端と端とで一フロアくらいの高低差が生まれることもあります。こうした場合には、建築は、それぞれの端から入り口をとり、建築内部の高さ処理で上手な動線を確保することが可能です。しかし、間口が狭い場合、敷地の端と端とで数十センチ程度の高低差にしかなりません。この場合では、一フロア分の高低差がとれないため、建物の前面に二〜三段の階段を設けることになります。私は、この二〜三段の階段がちょうど座るのにちょうど良い寸法だったのだと思います。つまり、ジベタリアンは、渋谷の自由な雰囲気を好む人たちであったことはもちろん否定できないと思いますが、一方で、坂道と小さな敷地という渋谷固有の条件が生み出す特徴的な空間の重なりによって、地面に座るという行動が喚起された結果だと見ることもできるのです。

都市は、大きく分けて内部空間、外部空間、空間の重なりの三つで構成されています。建築の内部空間は、施主や事業によってかなり強く規定されます。これは、日々実務を行っている建築家の皆さんはよく知っていることでしょう。一方、外部空間の中でも例えば道の空間は、原理的にはどこまでも続いていくものなので、日本全国同じ原理でできています。道の幅などは多少違えど、車道、歩道、ガードレール、街路樹、ストリートファニチャー。もちろん、場所によってそれぞれの大きさや形などは変わってきますが、構成原理は基本的にはどこでも同じで、世界で見ても道空間そのものには大きな違いはありません。だって、車

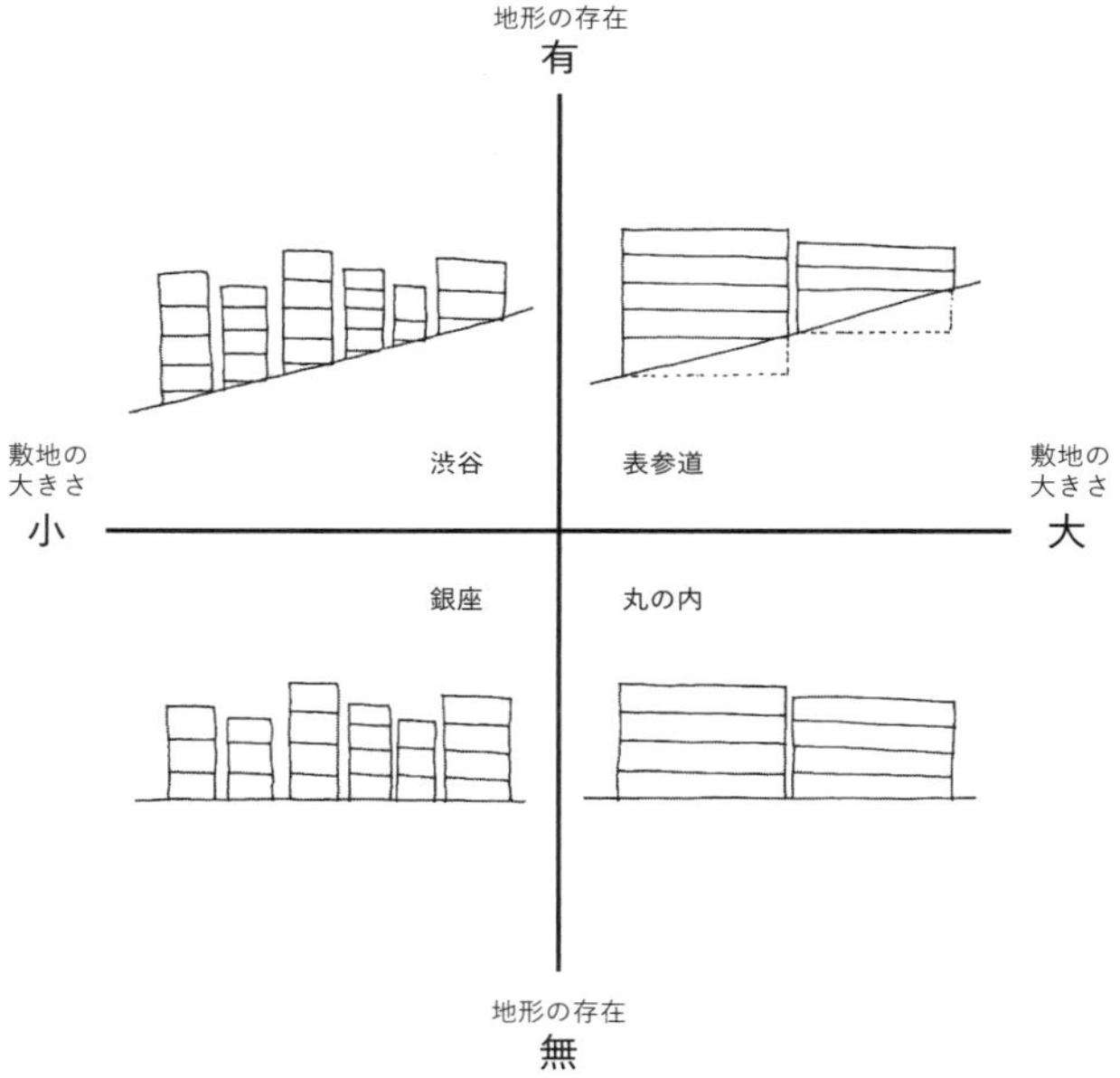

地形と敷地サイズがつくる建物の類型

がほとんど同じですからね。このように、内部空間や道空間がそれぞれの論理によって明確に規定されることに反して、空間の重なりは、その地域の特性を色濃く反映させることが可能です。言い換えれば、都市が地域性を帯びることがあるとすれば、この空間の重なりがどのような地域性を発現するか次第なのです。例えば、谷中の空間の重なりと、表参道の空間の重なりは明らかにその成り立ちが違います。空間の重なりは、地域性のデザインという観点からも非常に重要な手がかりなのです。

あいまいな日本の私

大江健三郎（一九三五－二〇二三）による同名の書籍に収められている「あいまいな日本の私」は、一九九四年のノーベル賞受賞記念講演の原稿が元になっています。この中で大江はvagueではなく、ambiguousという意味での「あいまいな」という観点から日本の歩みを見つめ直そうとしました。西欧に向けて開かれていたはずの日本文化の中にある暗部の存在を指摘し、それが西欧文化にとっては不可解なままの日本であったと論じたのです。「漠然とした」という意味のvagueではなく、「多義的な」という意味のambiguousである「あいまいさ」は日本の空間にも見られる特徴です。空間を一つの意味だけに対応させるのではなく、多義的な意味を持つような空間。そうしたambiguousな空間のあり方は、空間の重なりそのものの特徴でもあると思います。

林昌二（一九二八－二〇一一）と林雅子（一九二八－二〇〇一）が設計した「私たちの家」という住宅があります。戦後すぐの一九五五年に竣工した住宅を小さな改修を重ねつつ、一九七八年に大きな改修を行い現在の姿になったという住宅です。お二人とも既に他界されてしまいましたが、その後、安田幸一さんが引き継ぎ、今もお住まいとして丁寧にお使いになっています。先日、ご縁があり、この「私たちの家」をご案内いただく機会があったのですが、人がより良く生きる、ということへの深い洞察と愛情に溢れた素晴らしい建築でした。七八年の改修の際の、戦後すぐに建てられた既存部の構造に影響が出ないようにと設計された木架構が生み出す空間の美しさや、ありし日の夫妻を想像してしまうほどの心のこもった居場所の数々など、何時間滞在しても飽きることのない建築なのですが、この建築の核となるのも空間の重なりではないかと私は思いました。部屋と庭との間に、建具を開くと生まれる空間。ここにテーブルを出すと、部屋の中とも外とも言えない、非常に魅力的な空間が生まれます。

私が伺ったのは、初夏の暑い日中だったのですが、暑さも忘れてしまうほどの空間体験でした。手描き図面に込められた設計者の意図や、終戦後の住宅建築が置かれた歴史背景まで、安田さんのご案内も具体的かつ俯瞰的で、改修を重ねたこの建築には半世紀以上にわたる建築を取り巻く時間そのものが内包されていました。

「私たちの家」を訪れた際、この空間と同じような体験をしたことがあると感じたものの、すぐには思い出せなかったのですが、後日、はたと気がつきました。それはアントニン・レーモンド（一八八八－一九七六）の自邸です。レーモンドの自邸兼事務所は、一九五一年に東京・麻布に完成しましたが、レーモンドの没後、事務所移転に伴い取り壊されてしまい、残ってはいません。

ただ、その写しともいえる建築は現在も存在していて、それが旧井上房一郎邸です。井上房一郎（一八九八－一九九三）は、ブルーノ・タウト（一八八〇－一九八三）と交流したり、群馬交響楽団の設立に奔走し、一九六一年に同じくレーモンドの設計によって完成した群馬音楽センターの建設に尽力するなど、高崎の名士です。一九五二年、高崎の自邸を焼失してしまった井上は、レーモンドの自邸兼事務所をもう一棟つくろうと計画し、レーモンドの快諾を得ます。図面の提供を受け、建物の実測を行い、旧井上房一郎邸が完成しました。現在は、高

上：木漏れ日の中のレーモンド
下：旧井上房一郎邸

崎市美術館の敷地の中にあるのですが、こうした不思議な経緯によって、失われたレーモンドの自邸の空間を直接体験することができます。

この建築の特徴は、なんといっても写真にある半外部空間です。平面的には、玄関と暖炉のある居間、寝室の間に設けられたこの空間は、外に向かって勾配のついた明るい屋根の下、居間の気配や寝室の暖かみに囲まれ、どちらかの建具を開ければその空間の延長にもなるような場所です。さらに外側に軒を支えるための柱が一本立っていることで、内と外の微妙な境界もつくり出されています。もともと、この空間の屋根は、レーモンドの自邸の時は藤棚だったと言いますから、その木漏れ日の具合はなんとも素敵だったに違いありません。

ひとつ屋根の下

一九九三年に大ヒットしたテレビドラマに『ひとつ屋根の下』というものがありました。いろいろな想いを抱え、時に反発しつつも、次第に互いを理解し合いながら暮らす兄弟を題材にしたドラマです。それぞれ個性的でいろいろな人生を経てきた兄弟が数々の出来事を乗り越え、互いに助け合い、次第におのおのの人生を見つけていくというものです。私には、このタイトルに屋根という言葉が使われているのが印象的でした。屋根とは、それぞれの個性を大切にしながらも共に暮らしていくという状況、つまり、個々の多様性を尊重しながらも一体感を持った共同体であるという、矛盾するかのような状況を実現することができる建築的な装置であるという共通認識が前提となっています。では、屋根を壁や塀という建築エレメントに置き換えるとどうでしょうか。例えば「四周、塀の中」というタイトルだったとしたら、なんだか刑務所の中のドラマのような印象を受ける人が多いのではないでしょうか。例えば、刑務所の中を題材とした作品には一九九四年の『ショーシャンクの空に』があります。人間の尊厳、絶望の先の希望を描いた名作だと思いますが、やはり塀の中、壁の中を想像させる言葉には、どこか人間の自由を制限する、というイメージがあります。最近ではあまり使う頻度も少ないかもしれませんが、「箱入り娘」も近い表現かもしれません。このように、屋根と壁は、いずれも空間を規定するものであり、主要な建築要素でありながら、それが生み出す空間における人々の活動の自由度という点では、だいぶ異なる印象を受けます。屋根とは、このように自由と個性を包み込むことができる建築要素だと多くの人が無意識に考えているのだと思います。

さて、水平と垂直と聞くと、ただ方向が違うだけのようにも思えますが、実はこの二つはまったく等価ではありません。目の形から考えればわかるように、視線を上下に動かすよりも左右に動かす方が容易です。この人間の体のつくりが、建築のデザインにも大きな影響を与えています。まちなみの評価に関する実験を行った瀬田恵之らの研究によると、水平方向にはある程度のゆらぎがある状態を最も魅力的だと判断するのに対し、垂直方向にはゆらぎが少ないまちなみほど魅力的だと感じるという実験結果が出ているのです。つまり、高さ方向にはある程度規則的なルールを持った形態を好むのに対し、水平方向にはゆらぎのある形態を好むというのです。こうした実験からも、水平と垂直が等価ではないことがわかります。建築の空間においても、同様の経験をしたことがあるでしょう。同じような大きさを持っている部材であっても、水平に使うのと、垂直に使うのとでは、体験としてはまったく別のものになるのです。屋根の建築と壁の建築の違いは、こうしたところにも現れてくるのです。

第2章

フォルムとスペース

近代建築前夜

　ここからは、近代建築の成り立ちを振り返りながら、それがいかにして形成されてきたか、そして、その過程の中で、得たものと失ったものがそれぞれ何だったのかを考えていきたいと思います。特に近代建築における理論的側面に重点を置きながら、近代建築が「どうやって」ではなく、「どうして」このようになったのかを一緒に考えていきたいと思います。私たちは、歴史の大きな流れの中で見れば、近代建築の影響下にいます。ですので、近代建築そのものをむやみに否定するのではなく、とはいえ、それを盲目的に反復するのでもなく、なしえたこと、なしえなかったことを冷静に分析することが、次の創作につながっていくのだと考えています。

　本章では、いろんな建築家や理論家、美術史家が出てきます。しかし、本書は建築のデザインをテーマにしますので、建築史としての事実を説明するものではなく、近代建築という大きな流れの初期を形成した先人たちの思想的な変遷をトレースしていきたいと思います。もちろんデザインですので、形態的な変遷ということもありますが、やはり建築をつくっていたり、つくられたものを解釈するという立場から考えると、単に形の変遷だけを追っていてもわからないことが実はたくさんあって、近代建築を切り開いてきた人たちが、何を考えてきたか、つまり、形の背後の思考を学ぶことがとても大切です。そうやって、これまでさまざまな人々が考えてきたことをトレースするように学んでいくと、古代からの大きな歴史の流れを見ていった時に、かなりの割合で同じようなテーマに繰り返し挑み続けてきているということがわかるはずです。建築は思想の変化と形態の変化が、シンクロしつつズレながら起こってきます。逆に言うと、そのズレがそれぞれの時代の特徴を形づくっているとも言えます。一つ一つの事実を皆さんに覚えてほしいということではなく、どんな人がどんなことを考えてきたか、そして、その思考の連なりがどのような軌跡を描いてきたか、ということをぜひ感じてほしいと思います。

本章における本質的な問いは、近代建築というものの思想的なバックボーンを細かくおさらいしていくことで、近代建築における都市と建築の関係がどのように考えられてきたか、もしくはこなかったか、ということです。皆さんなりにこの問いの答えを意識していただければと思います。

近代を形成した思想たち

近代には、いくつもの思想的な転換が見られます。一見、建築とは関係がないように見えますが、その時代においてどのような考え方、もっと広く言えば、どのような価値観があったのかは、そこに生まれる建築に大きな影響を及ぼすはずです。逆に言えば、その時代の価値観が自ずと空間に現れるような建築こそがその時代を代表する名作と呼ばれる建築なのだろうとも思います。ここでは近代の価値観を特徴づける思想を三つほど取り上げ、そこから近代という時代の特徴を捉えたいと思います。まず一つは、自然科学の発達です。一七世紀には、ヨハネス・ケプラー（一五七一－一六三〇）が惑星の運動法則を発見していましたし、ガリレオ・ガリレイ（一五六四－一六四二）が地動説を唱えたのも、アイザック・ニュートン（一六四三－一七二七）が万有引力の法則を考えたのも、同じ一七世紀です。その後もさまざまな発見が続き、一九世紀初頭ぐらいには少なくとも天体の動きについては、物理学で説明できるようになっていたようです。それを「機械論的に」というふうに言い換えることもできます。ルネサンスの頃に無理数が発見されていますが、一七世紀以降の自然科学の発展の中で、神様が決めたから宇宙はこうなっているという世界観ではなく、宇宙のメカニズムについても数学や物理の法則から説明できるようになってきました。世界の捉え方が大きく変わり、宗教や神の存在抜きに世界の成り立ちを説明できるようになったのです。

もう一つ、近代という時代に大きな影響を与えた思想が進化論です。チャールズ・ダーウィン（一八〇九－一八八二）の進化論は有名ですが、その前にジャン＝パティスト・ラマルク（一七四四－一八二九）という人も生物が進化していくことについて言及しています。そうした大きな流れの中でダーウィンが「自然選択」による進化論というのをまとめています。ここでは、生物の進化や人類の発生も、すべて遺伝と「適者生存」という機械的なメカニズムによって自然発生的に起こった現象であるということが述べられています。つまり、人間自身も、神様がつくったものではなく、こうした生物のメカニズムによってできてきたものだということがわかってきます。例えば英語で、生物のことをcreature（神様がつくったもの）と言ったりしますが、そうではなく、実はこうした進化のプロセスによってできたものであるということを、ダーウィンの進化論は突きつけています。つまり、生物の進化や人類の発展というのは、もともと計画者とか責任者がいるわけではなく、時代が経てば経つほど、この適者生存のメカニズムをはじめとして、より最適なものが残っていく。つまり未来に行けば行くほど、より適切な生物が残り、より進歩した時代が来る。このような考え方を進歩主義／進歩史観というふうにまとめたりもしますが、こうした時間感覚が生まれたことも、とても大きな意味を持っていました。例えば古代中国でいうと、社会は時代が下るとともに堕落し、理想は過去にあるという見方がありました。古い皇帝である堯や舜という立派な君主がいて、そういうものを模範しながら国づくりをするという古代の考え方です。つまり、未来になればなるほど良くなるという考え方を人間社会は最初から有していたわけではなく、過去のある時期に理想の時代があって、未来にいくほど堕落していくという全く真逆の時間感覚もあったわけです。このように、未来に対する期待を抱きながら次の時代のことを構想するという態度も、この頃になって成立した時間感覚だということができます。

そして、三つ目が唯物論という考え方です。一八世紀にラ・メトリー（一七〇九－一七五一）という人が書いた『人間機械論』というのがあって、人間を他の動物同様に観察する、人間は他の動物とは違う特別な存在というわけではなく、他の動物と同じように観察しうるとしました。さらに、物という視点から言えば生物と無生物は同じであり、生物を無生物と同様に取り扱いうるのではないかという考え方が起こってきます。こうして人間を他の動物と同様に観察したり、もしくは生物と無生物を同様に扱うことができるという前提に立つと、それまでの人間に関する研究が心の内側から自分のことを分析するように観察していたのに対し、内側からの視点だけではなくて、観察者として外から観察することができるようになります。つまり、人間を対象として見るという眼差しが生まれたことが大きな変化です。結果として、例えば心理学のように人間の心を外からの目線で分析するという手法が確立していきます。哲学のように内面的な思考の発展から論理を汲み上げていくだけでなく、対象を外から見るまなざしによって科学的に分析できるようになっていくわけです。これはとても大きな変化で、例えばデザインのプロセスにおいて、内側からの感情の発露やその表現だけではなく、それを外側からの目線で冷静に分析できるようになることは、大きな変化をもたらします。

このように、世界の成り立ちを神の存在抜きに機械論的に説明できることを証明した自然科学、創造の源が過去にのみあるのではなく、未来に向けた眼差しを持ち込んだ進化論、人間およびその社会を観察対象にした唯物論によって、近代における価値観は大きく展開します。この三つの考え方は、神への信仰や古典の規範と結びついた様式建築から離れるきっかけを与え、過去の様式への参照なしに形をデザインするという自由な態度を許容し、その建築が生み出す人間社会への影響を評価するという眼差しを育んだのです。こうして、これまで連綿と続いてきた過去の建築たちとは全く異なる新しい建築が生まれる土壌がかたちづくられたのでした。

美しさの科学

グスターフ・テオドール・フェヒナー（一八〇一－一八八七）は、ウェーバー・フェヒナーの法則でその名前を知っている人も多いと思いますが、いくつか興味深い実験をしています。まず一つ目は、黄金比に関する実験です。いろんな被験者の人にそれぞれ縦横の比例が違う一〇枚の四角いカードを見せて、その中で好きなカードを選んでもらうという実験をしています。とてもシンプルな実験ですが、次のような興味深い結果が出ています。

- 正方形とそれに近い形、もしくはごく長い矩形が最も嫌われる。
- 正方形はそれに近い形よりも嫌われることが多い。
- 簡単な有理数の比が、複雑な数字の比よりも好まれるとはいえない。
- 黄金比（一：一・一六八）は、それに近い矩形とともに、他のものより好かれる。

この結果をそのまま建築の設計に応用できるというわけではありませんが、図形に対する人間の好き嫌いという一見極めて主観的に思える事象を、単なる心の内面の反応として見るのではなく、それを客観的に分析するというところが従来のアプローチとの大きな違いです。三点目の結果については、ギリシャ時代には整数の比で表されるプロポーションが美しさの源だというような議論があったことが背景としてあります。当時信じられていた慣習的価値観ですが、フェヒナーの実験を通して簡単な整数比が複雑な数字の比より必ずしも良いとはいえないということがわかりました。つまり、伝統的に信じられてきた価値観をこうした科学的な方法によって客観的に検証することができるようになったのです。

フェヒナーが行った実験は、方法論として面白いだけでなく、そのアプローチに画期的な視点の展開が含まれていました。紹介した四角いカードの実験もそうですが、美しいと思えるかどうかを人の内面の心理状態ではなくて、シンプルではありますが客観的な方法を用いて明らかにしようとしたという点で、その後に続く近代のデザインのアプローチの萌芽のようなものを見ることができます。

ゲシュタルト心理学が発展してきたのも、ちょうど一九世紀末から二〇世紀にかけてです。

ある対象に対するわれわれの知覚は、感覚刺激の単純な総和とは異なるというもので、個々の対象をそれぞれ個別に捉えているのではなく、対象間の相互関係やその周囲との関係の中で認識しているという考え方に基づいています。例えば、一部欠けた円が三つあります。一つ一つを見ると、パックマン（古い？）のようにしか見えませんが、この三つを特定の配置に並べた時に初めて三角形が発現します。同じ三つの扇形があるからといっても、並べ方によっては三角形が常に見えるとは限りません。次の図も同様です。円錐が特定の配置になった時に初めて、実際には描かれていない球の存在が感じられるようになるのです。つまり、全体性というのは、部分の総和に還元されない何かがある。部分を単純に合計したからといって、全体になるわけではないということです。例えば、三六個の円があるとします。右側は一つのまとまりに見えますが、左側では三つに見えます。三六個の円というパーツとしては同じだけど、それがつくっている全体は別のものになっているというのが、ゲシュタルト心理学の面白いところです。つまり、全体と部分は違う。部分を全体に組み上げるプロセスの中に、別の意味を生じさせる何かがある。これが単純化された機械論的世界観とは大きく異なる点です。

エドガー・ルビン（一八八六－一九五一）の有名な「ルビンの壺」も同様で、「図と地」のことを考える時によく取り上げられますね。黒い方の図形、つまり顔を見ている人は、二人の顔が向き合っているように見えるし、白い図形を見ている人にとっては、真ん中に盃があるように見える。顔を図とするか盃を図とするかによって、見え方はがらっと変わりますが、二つの形が同時に図となることはない。形というのは、見ている人によってそれが顔に見えたり盃に見えたり、見る側の定義によって、何を「図」とするかが決まるというものです。つまり、図形の認知において主観というものの存在を完全には排除できないというところが、この議論で非常に重要なポイントです。単に形だけを取り出して分析すればよいというわけではないのです。

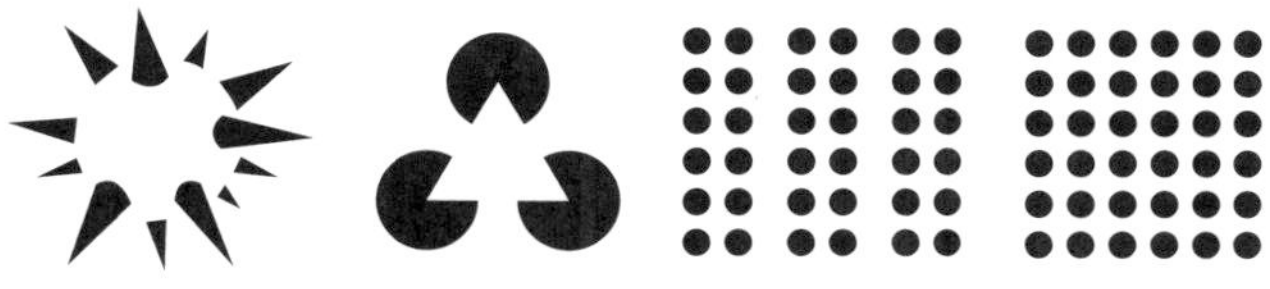

何が見えますか?

機能主義という誤解

人間の認知に関する科学的実験によってデザインについての伝統的な価値観を覆すような知見が蓄積されてきたことや、進化論にまつわる時代観念の変化、過去にあったものを反復していくことだけが、必ずしも良いわけではないという認識が生まれてくる中で、近代建築と呼ばれる新しい建築が確立してきます。

近代建築は、機能主義と言われることもありますが、井上充夫（一九一八－二〇〇二）は『建築美論の歩み』（一九九一年）の中で機能主義には次のような三つの階層があると指摘しています。

一、建築は機能（実用的目的）を満たすことが大切

この言説が機能主義の定義だとした場合、いろいろな矛盾が生まれます。例えば、「用・強・美」という言葉があるように、早くはウィトルウィウスの時代から、建築はそれぞれ時代の実用的目的を満たすための努力を積み重ねてきました。歴史を振り返れば、何の機能も持た

ない建築というのは、ほとんどつくられたことがないはずです。つまり、この言説は、建築全般の前提であって、機能主義に固有の特徴というわけではありません。

二、建築は機能を満たせばよく、それ以上に審美的な価値を追求する必要はない

建築のデザインは機能性の追求を重視すべきで、わざわざ美しさを求める必要はないという考え方です。アドルフ・ロース（一八七〇－一九三三）の言説の一部にも見られますが、このようなことは機能主義の文脈では誰も言っていません。機能だけ満たせば良いというわけではなくて、最終的にできあがる建築が一定の審美的価値（その価値は多様だと思いますが）を有していることは良い建築の条件ですよね。

三、建築は機能を満たせば、自動的に美しくなる

このような機能主義の解釈もあり得ると思います。おそらく、近代建築の文脈の中でいわれる機能主義というのは、この意味で用いられることが多いのかもしれません。しかし、こ

の論点も古代から連綿と続く「有用性＝美」という問題設定の中で繰り返し論じられたものでもあります。例えばギリシャ時代には、黄金の盾は美しいのかというような議論がありました。黄金の盾は、黄金でできているのでキラキラとしていますが、強度はそこまではないので盾としてはどうやら役に立たなそうです。さて、この黄金の盾はデザインとして優れているのかどうか、という議論です。皆さんはどう思いますか？　ちなみに、古代ギリシャ人はその黄金の盾よりも、戦争の役に立つ盾の方がデザインとして優れている、なぜなら有用性は良いデザインであることの必要条件であるからだと結論づけています。よって、この言説は、古代ギリシャの黄金の盾の議論と、つまり古くから続く、機能性とデザインの関係についての議論を言葉を変えて繰り返しているにすぎません。

ここからわかることは、どんなことでしょうか。それは、機能主義という考え方を分解していくと、機能主義というコンセプトそのものが何か新しいデザインを生み出したかというと、決してそうではないということです。機能主義という考え方が広まったことで、シンプルな幾何学的造形の近代建築が誕生したと私たちは漠然と考えがちですが、これまで見てきたように、機能主義というコンセプトそのものからはそれまでの様式建築から一線を画すような近代建築のフォルムは生まれようがないのです。きちんと順を追って考えればたどり着く結論ですが、これは見過ごしがちな大切なポイントです。

では、近代建築のフォルムを生み出したきっかけはいったい何だったのでしょうか。その謎を解き明かすためには、建築以外の領域に目を広げる必要があるのですが、特に建築に近い領域である美術の世界を見てみましょう。古代からルネサンスまでの絵画というのは、宗教画や歴史画、肖像画がほとんどで、教会や宮殿の壁や天井に描かれていました。有名なものには、システィーナ礼拝堂の天井がありますね。一七世紀頃になって、オランダやベルギーで新しい絵画のかたちが誕生します。静物画や風景画、人物画などで、例えばミレーの『落穂拾い』のように、宗教的な意味を持たない静物や風景、宗教上の聖人でも歴史的な君主でもないごく普通の男女。そういう特別な意味を持たない日常を切り取っていく。そういうものは、宮殿の壁には不向きで、キャンバスや紙に描かれ、額縁にはめられ、どこでも掲げることができるようになってきます。つまり、絵画が特別な物語を代替するものから、日常の中にある題材を発見し表現するものへと、より表現としての自立性を獲得したのです。こうした流れの中で、一九世紀以後の美術の挑戦が近代建築の誕生に深く関わってきます。印象派と呼ばれる作品群が、一九世紀半ばから二〇世紀初頭にかけて生まれてきました。例えばクロード・モネ（一八四〇－一九二六）などが有名ですが、描かれている「もの」や「意味」よりも、光や色彩の視覚的な印象に重点をおいています。対象としての物体を描くのではなく、見えた時の印象を表現することで、絵画という表現形式そのものの問い直しが行われました。二〇世紀初頭になると、できるだけ物体を単純化しつつ幾何学的な形態として捉えるキュビスム（立体派とも）と呼ばれる取り組みも行われてきます。それとほぼ時を同じくして、ピート・モンドリアン（一八七二－一九四四）の「コンポジション」のようにキャンバスの中の純粋な形や色、そうした幾何学的な操作を追求した抽象美術と呼ばれる作品も生み出されるようになりました。これが一九世紀末から二〇世紀の美術界の大きな変化です。偉人の肖像画などを描いていたものが、一七世紀頃に一般的な風物・風景、いわゆる普通の人物や日常的なものを描くようになり、一九世紀以降になると、見えるものをそのまま描くだけではなく、印象派やキュビスム、抽象美術など、芸術家の解釈や表現がより明確になり、作品としての表現そのものが自立し始めたことが、美術の歴史の中でもまさに一九世紀以降の特徴的なポイントです。

こうした美術界の大きな潮流に対して、建築も無関係ではありませんでした。近代建築を切り拓いてきた建築家たちは新しい芸術の動きと密接な関係にあったのです。例えば、ル・コルビュジエ（一八八七－一九六五）は、ピュリスムという抽象美術のグループのメンバーでありましたし、オランダのJ・J・P・アウト（一八六六－一九四四）はデ・ステイルのメンバーです。ヴァルター・グロピウス（一八八三－一九六九）と関係の深いバウハウスでは、ワシリー・カンディンスキーやモホリ・ナギというアーティストが教鞭を執っていましたし、近代建築のグループの一つであるロシアの「構成派」は、抽象画家のカジミール・マレーヴィチ（一八七九－一九三五）が提唱する「至上派」とほぼ同じメンバー構成になっています。絵画は純粋に視覚的に伝えるものであり見るためのものですから、当たり前ですが実用的機能を満たすために生み出されるわけではありません。つまり、歴史画から抽象美術にいたる絵画の発展は、機能主義というコンセプトによってもたらされたものではなく、美術そのものが表現として自己発展した結果です。

ル・コルビュジエにしてもオランダのデ・ステイルにしても、美術の世界のキュビスムの表現手法やモンドリアンの平面構成など、当時の最先端の芸術家たちの模索と挑戦から決定的な影響を受けています。そして、平面芸術としての絵画の表現手法を立

体で実現しようとすると必ずそのままではうまくいかず、建築ならではの三次元だからこその難しさに直面したはずです。そして、その試行錯誤を通じて、新しい建築のフォルムが発見されてきたのです。このように、近代建築のフォルムは、必ずしも機能主義というコンセプトから発見されたわけではありません。美術は、機能性を追求した結果として新しい表現にたどり着いたわけではないからです。そこが、近代建築の理解を曖昧にしているところかもしれません。芸術家たちによって発見された新しいフォルムが建築に持ち込まれ、それが機能主義というかたちで説明されましたが、機能主義だからああいうフォルムになったわけではないという点は、あらためて強調しておきたいと思います。

機能と装飾

ここからは、近代建築を主導した人々の言説をおさらいすることで、近代建築の思想的な背景を浮き彫りにしていきたいと思います。一人目は、ルイス・ヘンリー・サリヴァン（一八五六ー一九二四）です。二〇世紀を代表する建築家の一人であるフランク・ロイド・ライト（一八六七

－一九五九）はサリヴァンの事務所で働いていました。サリヴァンの言葉に、「形態は機能に従う」（Form ever follows function.）というものがあります。「住宅は住むための機械である」（La maison est une machine à habiter.）というル・コルビュジエの言葉と並んで、近代建築を代表する言説だと思います。シカゴ大火という大きな火災が一八七一年にあり、大都市シカゴは焼け野原になってしまいます。その後、耐火鉄骨による剛接構造の発達や鉄の生産技術の向上によって、それまでの組積造の建築では到底つくり出せないような形態が、鉄骨では可能となり、シカゴ大火の復興の過程で高層建築が誕生してきました。サリヴァンはシカゴをベースに活躍していた人で、そうした新しい形が生まれてくる中で、独自の建築論を確立する必要性に迫られたのです。

サリヴァンが設計したカーソン・ピリー・スコット（一八九九）という百貨店建築は、低層・中層・高層の三層構造になっています。古典的な建築の構成を踏まえつつ、それを高層化していく取り組みだと理解できますね。

あらゆる有機的・無機的な事物、あらゆる物理的・形而上的な事物、あらゆる人間的な事柄と超人間的な事柄、そして頭脳・心情・霊魂の真の表明のすべてを一貫する法則は、生命はその表現において認識しうること、すなわち形態は機能に従うということである。

少し長くなってしまいましたが、これが「形態は機能に従う」というフレーズを含んだ全文です。「形態は機能に従う」以外は、少しわかりにくいですよね。この思想に基づいて高層オフィスのデザインを考えると、外壁を一・二階、標準階、最上階に分け、それぞれにふさわしい形態を与えることだとサリヴァンは述べています。

おそらくは、一・二階は地上レベルに近くて、その上に標準階があり、さらにその上の最上階にペディメントのようなものがあるということでしょうけれど、これは先にも述べたとおり、古典的な建築によく見られる三層構造そのものなので、近代建築において新しく誕生したデザイン手法というわけではありません。実際、こうした高層ビルの構成は、例えばルートヴィヒ・ミース・ファン・デル・ローエ（一八八六―一九六四）の作品のような、その後の近代建築を代表するとされる高層ビルのデザインではほとんど採用されていません。しかし、「形態は機能に従う」という言説によって形態と機能の関係をその後の建築の主題としたという点において、サリヴァンは歴史的に大きな意味を果たしました。また、そうした新しいアプローチがフランク・ロイド・ライトへ与えた影響も非常に重要です。ただ、実際に生まれてくる建築は、高層ビルではありながらも古典的構成の影響から抜け出すことができていない点など、まだ過渡期というか、悩みながらやっていたんだなというのがよくわかります。とはいえ、小規模ながら、力の入った建築も残しており、デザイン力に非常に優れた建築家だったと思います。私が翻訳に関わった『EXPERIENCE 生命科学が変える建築のデザイン』では、著者のハリー・フランシス・マルグレイヴが第一章の多くを割いてサリヴァンを論じていることからも、彼の重要性がますます高まっていることがわかります。

オーストリアの二人の建築家も、近代建築に非常に大きな影響を与えました。まず一人目が、オットー・ワグナー（一八四一－一九一八）です。彼の代表作であるウィーン郵便貯金局（一九〇六）は、内部にガラスがふんだんに使われた光あふれる空間になっています。マジョリカハウス（一八九八）は、タイルのようなレリーフが味わい深い。ワグナーはゼツェッション（分離派）という、新しい造形を目指したグループの一員であると評価されていますが、この時代に大きな影響力を持っていた建築家でもあります。

「芸術は必要にのみ従う」というワグナーの言説は、近代建築の根幹をなす価値観だと思います。ワグナーの建築論を細かくみていくと、

- 目的の把握とその完全な充足
- 施工材料の有効な選択（入手しやすく、加工が容易、耐久性があり、経済的）
- 単純で経済的な構造
- 以上のような処方によって成立する芸術作品は、常にわれわれの時代の芸術様式を備える

のようにまとめることができると井上は述べています。現代の感覚からすると、ワグナーは極めて良心的なことを言っていると思いますが、古代ギリシャ以来の機能性を有した設計が良い建築であるという思想と類似しているともいえます。ワグナーを含めて、ゼツェッションの作風全体として、マジョリカハウスのファサードもそうですが、絵画的もしくは彫刻的な装飾を考える方の努力に傾倒してしまって、装飾を排除した建築の骨格まではたどり着きませんでした。ですが、郵便貯金局の空間性は、その後の近代建築にも大きな影響を与えていますので、非常に重要な人物の一人であることに間違いありません。ただ、思想的発展という意味では、次の世代を待つ必要がありました。

もう一人の重要なオーストリアの建築家が、アドロフ・ロース（一八七〇－一九三三）です。

彼は、先述したワグナーの影響を受けていますが、一世代くらい年齢が違います。『装飾と罪悪』（一九〇八）という書籍の中で、「自分の顔を飾りたてたい、そして身の回りのものすべてに装飾を施したい。そうした感情こそ造形芸術の起源である。それは美術の稚拙な表現だともいえよう」「文化の進化とは日常使用するものから装飾を除くということと同義である」と述べ、近代人は自分の創意や工夫を装飾とは別のものに集中させるべきだとしています。ワグナーの影響を受けつつ、ゼツェッションやアール・ヌーヴォーの装飾には必然性がないとも読めるので、その装飾を否定していくことで前の世代を乗り越え、私たちがよく知っている近代建築を生み出す土壌をつくっていったのです。ちなみに、ロースが設計した建築がその無装飾性によってスキャンダルとなった際に、ワグナーは次のように語ったそうです。

批難の矢面にたつこの建物を擁護することは止めにした。その理由は、我々もまたこの建物に全く問題がないとは思っていないからである。だがこれだけは私は言える。他の多くの建物の設計者などよりも、この建物の設計者の方がよほど芸術的資質がある。他の建物は、平穏無事に実現されるが、それはそうした建物には何も主張するところがないからである。

なんだか胸が熱くなる文章ですね。私が読んだ、一九八七年に日本で出版された訳本には、この「装飾と罪悪」の他にもいくつもの論考が掲載されているのですが、中には「デラックスな馬車について」など、思わず読んでみたくなる題名のつけられた論考もありました。ロースの文章を読んでいると、とても軽妙な文体で読みやすく、切り口も痛快ですが、一方できわめて合理的な思考をしていることがわかります。

国境なき建築という夢

近代建築を代表するル・コルビュジエには、数多くの著作があります。『建築をめざして』(一九二三)の中では、「住宅は住むための機械である」という有名な言葉が残されていますし、プランの重要性を指摘したのもこの本の特徴です。ギリシャやローマ、ミケランジェロ(一四七五－一五六四)への言及が多く、建築は芸術であると主張しているのもこの本の中です。ル・コルビュジエは、近代建築という新しい思想を体現するような建築をいくつも設計しました。訪れた人の記憶に刻まれるような建築は、世界中の建築家を近代建築の運動に駆り立てました。一方で、思想的な支柱になったのは、どちらかというとヴァルター・グロピウスかと思います。彼はワイマールの国立美術学校「バウハウス（バウ＝建築）」の校長で、いくつもの文章を残していますが、建築を中心として諸芸術を統合しようとした「あらゆる造形的活動の最終目標は建築である」という言葉は、バウハウスの基盤をなす思想となっていきました。バウハウスのカリキュラムの図は、真ん中が建築で、建築が材料や造形などさまざまなトレーニングなどを統合する役割を果たし、一年～三年までだんだん建築に向かっていくカリキュラムを表しています。一方で、「建築家・彫刻家・画家たちよ、われわれはみな手仕事に立ち戻らねばならぬ」という言葉には、ジョン・ラスキン（一八一九－一九〇〇）やウィリアム・モリス（一八三四－一八九六）などの思想の痕跡が見られます。

『国際建築』（一九二五）は、世界各地の新しい建築を取り上げて紹介する冊子ですが、これらには一定の共通性があるとグロピウスは指摘し、それらをまとめて国際建築と名付けています。グロピウスは冒頭、「過去の時代には、建築芸術は多くは過去の文化遺産であるモティーフや装飾、プロフィールといったものを内的、必然的な関係もないままに建築体に覆わせ、しかもこのような表面的な使用という点に建築の目的を認めるといった、感傷的、審美的、装飾的な解釈に陥っていた」とし、過去の様式建築、装飾を多用する建築を否定しています。

また、新しい設計のアプローチとして、「一つの物を正しく機能するように形づくるために、例えば家具や住宅では、なによりもまずその本質が究明されるようになった。建築についてはそのような本質の究明は、機械工学や静力学、光学や音響学といったものの限界に制約されるものであると同様に、プロポーションの法則にも拘束されるものである。（中略）つまりプロポーションは建物の機能に制約されるものであるとともに、その本質以上のものを実現するものであり、また建物に初めて緊張を、すなわち実用価値を超えた固有の精神的生命をあたえるものである」としており、設計する建物の本質的な価値を踏まえつつ、さまざまな近接学問領域の知見を活用しながら、精神性の高い形態へとまとめていく、という現代でもそのまま当てはまるような設計のアプローチについて説明しています。

世界交通と世界技術によって生み出された、近代的な建築的特色の統一が、民族や個人が縛られたままとなっていた自然な境界を越えて、すべての文明諸国に認められるようになったのである。建築はつねに国民的なものであると同時に、つねに個人的なものでもある。しかし、三つの同心円の輪——個人、民族、人類——のうち、最後のもっとも大きな輪は、他の二つの輪をも包含する。それゆえ、この本の表題は『国際建築』！

である。

つまり、デザインは、個人のためだけに行うものではない、とはっきりと明言しているのです。個人のために行うのではなく、個人を縛りつけるものから解放し、世界とつながっていくためにデザインがある。世界共通の価値を実現していくために近代建築は役割を果たさなければならない、ということを言っています。二つの大きな戦争に挟まれた当時、人々はどのような思いを抱いて日々を過ごしていたのでしょうか。個人の思いとは全く別の国家という単位で戦争が行われたり、民族という自分の思想や行動では変えることのできない枠組みによって人々が分断されたりする中で、そうした束縛を乗り越えるために、近代建築は役割を担うことができるはずだ。建築のデザインによって、国境や民族の違いを超えていこうという姿勢は、多くの人の心を打ったに違いありません。しかし残念ながら、こうした国際主義的な考え方は、ナチスの民族的な思想と相容れず、バウハウスはその後、閉鎖に追い込まれてしまいます。けれども、丈夫で安くしかも美しく、というバウハウス的なデザインと呼ばれるような今日の工業デザインの考え方の基礎をつくりあげることができました。

このように、近代建築はワグナーに見られるようないろいろな新しい材料への取り組みがあって、それらが絵画における新しい動きと連携しながら、彼らの造形的な言語を援用しつつ、抽象的な幾何学形態の建築が生まれてくる。さらにそれが、サリヴァンの「形態は機能に従う」というような言説とも結びつき「機能主義建築」と呼ばれたり、「モダニズム」と呼ばれたり、グロピウスのいう国際的な建築という思想をも吸収しつつ、今認識されている近代建築の総体が醸成されてきたというのが、大きな流れです。

近代をつくった理論家たち

近代建築は、造形的な発展と、そこを補強した理論の組み合わせとして捉えることができます。ここからは、近代建築が誕生する中で、美術史家や建築史家が近代建築として生まれつつある新しい建築の姿を、どのような理論的な枠組みで補強してきたかという点を少し紹介します。

さて、美術史家や建築史家たちが、近代の建築をどう捉えてきたかということですが、少し時代を遡った時点から始めたいと思います。まずは、ハインリヒ・ヴェルフリン（一八六四

－一九四五）を紹介します。いくつか本を著していますが、『ルネサンスとバロック』（一八八八）では、ドナト・ブラマンテ（一四四四－一五一四）とミケランジェロを通じてルネサンスとバロックを比較するところから始めています。どうしてルネサンスからバロックに変化したのかという議論を展開していくのですが、建築に表現されるのは、一定の思想や数理の体系ではない。また、その変化の原因も技術の発達や、時代変化ではない。まず、建築に表現されるのは、時代の「基本的気分」であると主張しています。基本的気分とはなかなか聞かない言葉ですよね。例えばバロックが表現した基本的気分というのは、陽気な軽快さと弾力性が消失し、全てが重苦しく巨大な重量で大地に押し付けられているような気分。ルネサンスの軽やかで自由な優雅さはなく、厳粛さと威厳があり、派手で騒々しい贅沢な気分であるとしています。このようにバロックならバロック、ルネサンスならルネサンスで、時代の基本的気分というものがあって、それを具現化するところで建築が生まれ、変化するとヴェルフリンは考えました。『美術史の基礎概念』（一九一五）では、時代によって物の見方が変わってきて、見方が変わるから様式が変化するのだと論じています。彼の分析は建築だけでなくて、絵画や彫刻など、その時代の幅広い芸術領域をカバーしています。とても重厚な本で、建築や彫刻を含みつつ、比較的絵画の分析に主眼を置いているのが特徴です。私も大学院の頃にこの本を読んで、同時代のさまざまな芸術活動と関係づけながら建築を語ることができるのだと知り衝撃を受けました。もし現代だったら、どんな芸術をみて、どんなふうに建築を語りうるでしょうか。そんなことを考えてみても楽しいですね。

このヴェルフリンに師事し、アメリカなどで活躍したのが、パウル・フランクル（一八七八－一九六二）です。一九世紀後半から二〇世紀初めにかけてのドイツ美術史学の流れを受ける人物で、『建築史の基礎概念』（一九一四）では、ヴェルフリンの「ルネサンスとバロック」のテーマと論理形式を継承しつつもう少し時代を広げ、より建築の変化に主眼を置いた点が特徴です。特に、「空間」を建築の本質であるとし、ゲシュタルト心理学をその方法に組み入れた点で近代建築の理論化に大きく貢献しています。この本の主題は、建築における様式上の変化を研究することにあり、ルネサンス、バロック、ロココ、新古典主義という時代を対象として取り上げています。そして、その比較の前提として、建築の基本要素を空間形態、物体形態、可視形態、目的意図の四つであると定義しています。空間、物体、視覚的効果、用途と言い換えるとわかりやすいかもしれませんね。この四つは、本の章立てとも対応しており、第一章の空間形態が全体のページの半分ほどを占めていますので、空間についての考察がこの本にとっていかに重要かがわかると思います。ちなみに、以前の訳書のタイトルは『建築造形原理の展開』といったのですが、改訂の際に今の『建築史の基礎概念』に改めたようです。様式の変化の方に注目するか、その変化に通底する概念の方に注目するかの違いであり、訳者の意図がよくわかって面白いですね。

　アロイス・リーグル（一八五八―一九〇五）はウィーン大学の先生で、いくつか本を書いています。単に形を形而下的に分析するだけではなく、時代精神や世界観などの精神的な基盤との関係性の中で分析していくという試みに挑戦した人物です。このリーグルの技術論をさらに発展させたのが、ウィルヘルム・ヴォリンガー（一八八一―一九六五）です。彼の書いた『抽象と感情移入――様式心理学への寄与』（一九〇八）では、物事の捉え方には、ある観察する対象物がある時に、そこにできるだけ感情移入して捉えていくという捉え方と、むしろその反対に、抽象的に把握していく捉え方の二つがあると指摘しています。そして、二つのアプローチの組み合わせや入れ替わりという観点から創作という行為を捉えようとしています。さ

らに、抽象と感情移入というアプローチを、ゴシック建築の分析に応用することで、建築論への接続を図っています。

ダゴベルト・フライ（一八八三－一九六二）は建築史を学んだ後に、それを芸術全般を捉える芸術論として展開しようとした人物です。ゴシック建築を分析対象としていましたが、観察者がこのゴシック建築の中を歩いて行くと、空間の印象が少しずつ変わっていくことに注目し、動きに伴ってダイナミックに変化していく、空間を継時的に把握できていたのがゴシック時代の特徴だと論じています。一方で、ルネサンスの建築というのは、透視図法が発達はしましたが、空間を「同時的に」一望するものであったとして、ゴシック建築のシークエンス的な体験というよりも、一望する視点を獲得した、均質的で連続的なものだと論じています。空間体験を動的シークエンスの特徴からあぶり出そうという、非常に面白い分析のアプローチだと思います。

この頃の建築論は、同時代で起こっている近代建築のムーブメントそのものではなく、少し前の時代のルネサンスやゴシック、バロックなどを対象にしています。とはいえ、その時代の様式を創作の際に直接的に参照するわけではなく、他の芸術とは異なる建築の特徴、つまり空間をいかに分析するかという手法の蓄積がなされた時期であったということができます。このような試みを通じて、建築の捉え方が「様式」から「空間」へと移行する準備が整いつつありました。

空間という概念

二〇世紀の後半になると、同時代的に進行している近代建築を対象とした分析も広く行われるようになり、その中で空間という概念と実体のすり合わせが進みました。オットー・フリードリッヒ・ボルノウ（一九〇三－一九九一）は、マルティン・ハイデガー（一八八九－一九七六）の影響を強く受けた一人で、ハイデガーが人間の存在を主に時間との関連で説明するのに対し、ボルノウは、人間の存在を空間との関係から記述しています。『人間と空間』（一九六三）では、空間は人間から独立して単純にそこにあるわけではなく、人間が空間を形成してそれを自分のまわりに張り広げているという解釈を展開し、それを「体験されている空間」と名づけています。Raum（ドイツ語で空間）の起源が、すでに手元にあるものではなく、開墾という行為を通じて初めて手に入れるものであるとし、「空間がある」のではなく、「空間をつくりだす」のであるとしています。その他にも、類似の意味をもつ言葉との比較を行っています。Ort（Location、場所・地点）、Stelle（Site、位置・箇所）、Platz（Place、席・空地）、Fleck（Spot、ひと区画の場所）、Feld（Field、野・場）などの言葉の違いを語義や用法などに注目しながら比較し、空間という言葉がその他に対して根本的に上位の概念であると説明しています。

「体験されている空間」は、数学的な座標による空間とは異なり非等質であるとし、空間と人間の関係によって生まれる組の対、つまり「上と下」「前と後」「右と左」について考察しました。「上と下」が明快な対立であることはわかりやすいですが、「前と後」については、これから出合う未来と過ぎさった過去という対立であるとしています。「右と左」は基本的には等価でありつつも、ドイツ語においては微妙なニュアンスの違いがあるとしています。日本語でも、右大臣と左大臣のように、完全に等価であるとも言い切れないのが面白いですね。

さらに、日の出の方角を意味するオリエントに由来する言葉であるオリエンテーション、つまり、方位に関する考察も行っています。実は、私の博士論文は、集落の中に二種類の墓が共存するという特殊な空間構造を持つ両墓性の村々を対象にしたのですが、こうした集落では東西南北という自然方位の他に、「カミ・シモ」というローカルな民俗方位を有していて、二種類の方向概念を組み合わせて環境を把握し構築しているという研究を行いました。私がフィールドから辿り着いたゴールに、ボルノウは文献によって行き着いたという点も興味深く思っています。

その上で、世界の中心としての家について、自分が空間の中に根を下ろし、空間の中で自分を関係づける中心が不可欠であると述べています。自分を世界の中で位置づけるのが家であり、帰ることのできるわが家の存在なくして、自分自身の存在を定位することはできない。人間という存在の本質は住まうことにある、としています。さらに面白いのは、人間は家の中の安らぎを求める一方で、外の宇宙をも同時に欲する存在であり、「家と宇宙の弁証法」つまり「内部と外部の弁証法」が重要であるとしています。このように、人間の存在をベースにしつつ、空間という存在を論じた点が、従来の実体的側面を重視した建築論とは大きく異なっています。物体としての建築ではなく、空間としての建築を論じたのです。

ジークフリート・ギーディオン（一八八八－一九六八）は、スイスとドイツで学び、始め工学を履修した後、ミュンヘン大学で先述したヴェルフリンに学びました。つまり、技術と美術、両方の素養があるわけですね。ちなみに、CIAMの初回（一九二八）から最後の第一〇回（一九五六）まで書記長を務めるなど、単なる研究者肌の理論家というよりも、近代建築の発展に実践的な努力を重ねた人でもあります。

二〇世紀の建築を体系化した『空間・時間・建築』（一九四一）では、近代の数学や物理が、単純なユークリッド空間には収まらないということとも関係づけながら近代建築の特性を分析しています。キュビスムが立体派と呼ばれている理由は、あるものを立体的に見ているからです。普通の絵画では、観察者がいて描かれる対象があって、それを一地点から眺めて描くのが普通です。それに対してキュビスムは、前から見たもの、横から見たもの、斜めから見たもの、いろんな角度から見た物体の見え方が、一つの絵の中に混在しています。ギーディオンは、このキュビスムの先進性を紹介しながら、空間という概念の特徴を明確に規定しています。つまり、内部を歩き回ることができる空間においては、観察者の場所はただ一つの地点ではないわけで、それこそが視点の位置が固定されるパースペクティブと最も異なる点であると指摘しています。デッサウのバウハウスなどを取り上げ、ボリュームと面で構成されていることや、歩くたびに視覚的な体験が変化し、キュビスムがつくり出そうと試みたような、いろんな視点からの把握が可能となった空間であると述べています。

他にも、ヴェルフリンからの流れをくんで、建築の進化について論じていますが、建築空間の変化を大きな歴史の流れの中で位置付けようとする試みも行っています。建築の歴史を大きく三段階に分け、メソポタミア・エジプト・ギリシャなどが該当する第一の空間概念というのは、空間を放射するボリュームとしての建築。内部空間のないボリュームがあって、その周りに場が広がっていくというもの。ローマ・中世・ルネサンス・バロックなどの第二の空間概念というのは、内部空間としての建築。そして、二〇世紀の建築は第三の空間概念に該当し、第一と第二が組み合わさった、外部から規定されつつ、内部にも空間がある、これが二〇世紀の建築の特徴だと述べています。これら、第一から第二への移行、第二から第三への移行を細かく、技術的な発展などを紹介しながら論じています。

ギーディオンは、現代の都市や建築の問題に対し、文明史的な解釈を行いつつ、空間こそが建築の本質だとし、近代の美術とも共通するような新しい空間の捉え方を提唱しています。こうした蓄積によって、空間という概念がその後の建築の発展を支える理論的な支柱となっていきます。この本は非常に多くの人に読まれ何度も改訂されていますが、私の手元にある版では上巻五〇〇ページ、下巻五〇〇ページ、あわせて一〇〇〇ページという非常にボリュームのある本です。多くの建築家や都市、それにまつわる技術などが多岐にわたって紹介されているので、近代建築がどのように理論化されてきたかを詳しく知りたい人は、ぜひ挑戦してみてほしい一冊です。

ブルーノ・ゼーヴィ（一九一八－二〇〇〇）が著した『空間としての建築』（一九四八）は、様式の変遷や構造技術との関係で語られることの多かった建築史を、人間生活の空間に対する考え方の変遷として捉えなおそうとしたものです。ギリシャに始まり、ビザンチン、ロマネスク、ゴシック、バロック、そして現代の建築という各時代の建築を、空間という切り口で通史的に分析するという壮大な試みを行っています。建築を造形で分析するのはそもそも前提から誤っており、あくまで空間として分析すべきだという明快な態度をとっています。さらに、空間の中で位置を変え、変化する視点から空間を眺め、空間に総合的な現実性を与えるのは人間そのものだとし、オブジェクトとしての建築ではなく、空間とそれを体験する人間という視点から建築を捉え直すべきだと主張しています。各時代の建築を空間という切り口から論じていますので、空間を語るボキャブラリーが増える一冊とも言えます。

ちなみに、面白いエピソードがあります。訳書の初版は現在とは別の出版社から出されたのですが、その初版本が出された一九六六年頃は、「空間」が大切だと書くと、ある建築評論家に「いったい『あきま』ってなんだい？」と馬鹿にされたと、訳者が書き残しています。なんだか驚くような話ですが、当時の日本では空間というものの認識も、おそらくその程度のことだったのだろうと思うと、この半世紀の間に、ずいぶんと空間というものの認識が変わったのだと思いました。

クリスチャン・ノルベルグ＝シュルツ（一九二六－二〇〇〇）は、ギーディオンに師事し、二〇世紀後半の空間論の代表的著作である『実存・空間・建築』（一九七一）を著しています。人間が対象に向かって定位するのは基本的なことであり、人間の営みはたいてい空間的な側面を持っている、というのがシュルツのこの本での前提となる思想です。その定位によって環境との間に力動的な均衡を打ち立てるのですが、その定位の手がかりとして中心と場所、方向と通路、区域と領域という概念を提示し、地理、景観、都市、住居、器物の諸段階における事例を読み解きながら人と環境との関係構築のあり方を述べています。心理的概念である実存的空間の導入によって、空間は建築論において中心的主題となるとし、人の営みや存在に関する哲学的思索を実際の建築に結びつけることに成功しました。このシュルツによって、近代建築以降に生まれた空間の概念が、はっきりとしたかたちで確立したといえるでしょう。

フォルムとスペース

本章では、近代建築がどのように誕生し、形作られてきたかというプロセスを順を追って見てきました。ここからわかることは、近代建築は必ずしも機能的な建築をつくろうという抽象的な理念から生まれたわけではなく、絵画などの他の芸術からの造形的な影響、つまりフォルムが先行する中で誕生したことがわかったと思います。その後、理論家たちは、そうやって生み出されたまったく新しい建築のフォルムの中にスペースの存在を発見し、二〇世紀をかけて理論的にも成熟させてきました。そして、近代建築の空間的解釈という取り組みは、シュルツなどの一九七〇年代中頃まで継続してきたのです。

二〇世紀の大半の時間をかけて誕生した空間という概念は、近代建築を理解し展開させるためにとても適したものでした。様式ではなく空間、フォルムではなくスペースという見方を得た建築家たちは、従来よりも多様な設計を行うことが可能となり、結果として近代建築の傑作がいくつも生まれることになりました。私たちは今も白模型をつくりながら設計を検討することがありますが、これも空間の輪郭を先行させて検討しているからです。

しかし一方で、近代建築が生み出した空間という発明は、場所性との関わりが皆無でもありました。近代建築の黎明期にグロピウスが国際建築を志向したのも一因だったと思います。その後、一九六〇年代になると、クロード・レヴィ＝ストロース（一九〇八－二〇〇九）が、インドネシアの集落に入り込んで、その集落の体系を構造化して把握するという調査を行いました。西洋中心主義の考え方に対して、フィールドワークを重ねながら、その対象に内在する構造を明らかにしていくことに取り組んでいます。こうした動きは、日本の建築界にも大きな影響を与えました。六〇年代の日本は、日本列島改造論など各地に開発の波が押し寄せてきた時代です。そうした動きに反発し、各地の美しい風景やまちなみを保存しようとして成立したのが、文化財保護法に基づく重要伝統的建造物群保存地区の制度です。これは、大都市の論理だけでなく、各地のローカルなまちや集落にも固有の美しさがある、というスタ

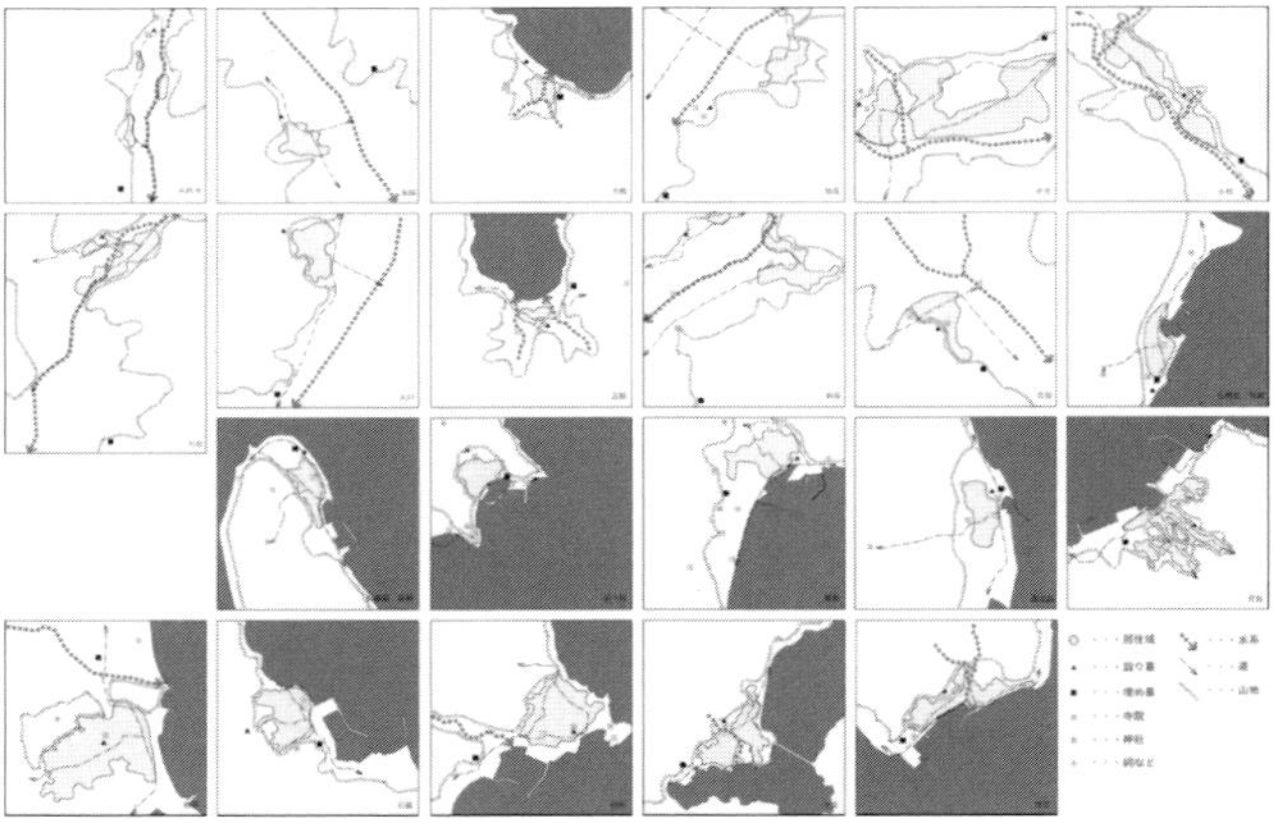

両墓制集落の空間構成

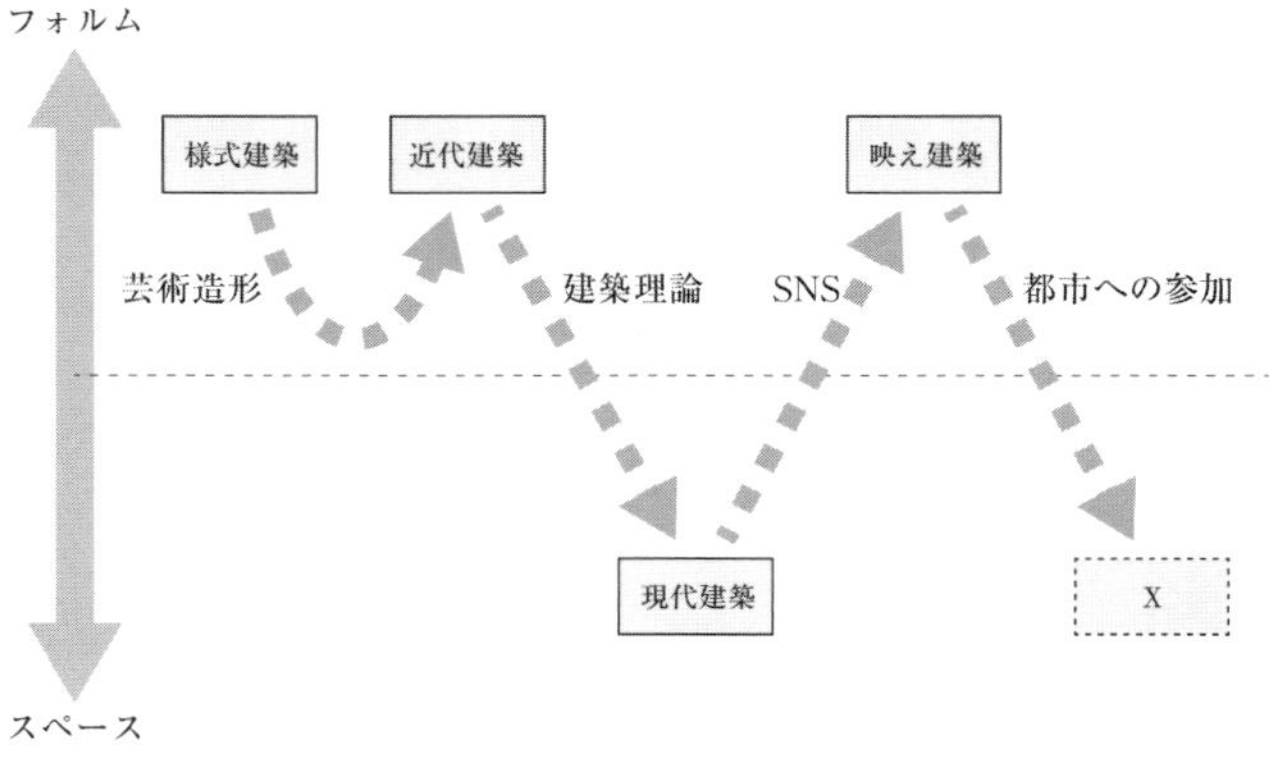

フォルムとスペースの変遷

ンスに立つもので、フィールドサーベイが盛んになったのもちょうどこの時期です。

そして、皆さんがお気づきのとおり、このローカルな価値をどう残していくかという課題は、いまだに抜本的な解決に至っていません。半世紀以上も前の課題が手付かず、というよりも、悪化した状態で現在に引き継がれてしまっています。

近代の直前の新古典と呼ばれる時期には、カール・フリードリッヒ・シンケル（一七八一－一八四一）が形式と場所性の組み合わせから建築の姿が現れると考えたように、建築を場所との関係から考えようとするアプローチが存在していました。しかし、近代建築形成の過程では、そのような場所性、外部との関係はほとんど語られてこなかったことがわかります。それは、スペースではなく、フォルム先行で近代建築が始まったことも要因としてあるでしょう。

そして現在、私たちの手元にはSNSを通して日々多くの画像が届けられます。限られたサイズと枚数で建築の魅力をアピールしようとすると、目につきやすい形態に頼りがちになるあまり、建築のあり方がスペースからフォルムへと回帰しているようです。しかし、仮にフォルムへの揺り戻しがある時代であったとしても、建築の本質はスペースなのだと思います。コンピューターによるモデリングが普及し、数え切れないほどのフォルムの氾濫を目にするようになりました。しかし、フォルムではなくスペースという手段を通して、建築は都市に参加できるようになるのです。二〇世紀の空間の概念にとどまらないスペースのあり方があるはずで、空間の重なりはその手がかりになると考えています。

第3章

都市の時代

集合のかたち

都市に集まって暮らすことは文明の発展にとって不可欠なものです。人類の歴史を振り返ってみても、ほぼ全ての文明は都市を基盤に発達しました。都市とは、水、エネルギー、軍事力、移動と輸送など、個人単位では獲得できない何かを手に入れるために人類が生み出した壮大な仕組みだということができるでしょう。

世界の総人口のうち都市で暮らす人の割合は、一九五〇年には三〇パーセントに過ぎませんでしたが、その後増加の一途をたどり、二〇一〇年に発行された国連の『世界都市人口概要二〇〇九』では、二〇〇九年に都市人口が非都市人口を超えたと報じられています。さらに二〇一七年の報告によると、二〇五〇年には六八パーセント、つまり三人に二人が都市に暮らすことになるとされています。今、私たちは、間違いなく「都市の時代」の真っ只中にいます。そして、それはこれまで人類が体験したことのない姿でもあります。

本章では、都市を理解するために、まず都市をどうやって理解するかというところから話を始めたいと思います。都市の見方、建築家や研究者が都市をどうやって捉えようとしてきたかを理解し、皆さん自身が都市のことを考えるための道具立てを準備しようと思います。

古今東西、さまざまな都市のかたちがこれまでに構想されてきました。例えば、プラトン（紀元前四二七－三四七）は都市の大きさを人口五〇〇〇人と定義しました。どうして五〇〇〇人かというと、アゴラ（古代ギリシャにおける広場）で一人の演説家の声を聞き取れて政治に積極的に参加できる人数として五〇〇〇人と定義したのです。プラトンにとっての都市というのは、演説が聞ける範囲であり、政治に積極的に参加できる社会であったわけですね。

現代に近いところでは、ル・コルビュジエは三〇〇万人の都市を提案しています。有名な計画ですが、三〇〇万人というのは当時のパリの人口です。都市の中心部は十字型の六〇階建ての建物で構想されていました。人口密度でいうと、中心部で三〇万人／平方キロメートル、十字型の少し外になると、三万人／平方キロメートルというような人口の設定です。現在の東京の人口は一三九七万人ぐらいと言われています。ル・コルビュジエが考えた三〇〇万人よりも、もっと多くの人が東京には暮らしています。ル・コルビュジエの計画は、だいぶ野心的で挑戦的なプランだったと思いますが、その四倍以上の人口が、今の東京には暮らしていることになります。

ここで紹介したものばかりでなく、歴史的にはさまざまな都市の姿が考えられてきました。子どもの頃、未来の都市の姿を絵に描いたり、映画に出てくる見たこともない都市の姿にワクワクした記憶がある人も多いのではないでしょうか。そもそも都市とはどのようなものでしょうか。どのように都市を定義すればよいのでしょうか。

村松伸さんたちのグループが都市の定義を試みています。なんと、世界中の人々がどれくらいの人口密度で暮らしているかを全地球的に調べ上げました。世界各地で暮らしている人々を人口密度が高い方からカウントしていくと、二〇〇〇人／平方キロメートルくらいで世界の総人口の半分になるそうです。先ほど国連の統計では、二〇〇八年の時点で世界人口の半数（三三億人）が都市で暮らしているという情報があったわけですから、二〇〇〇人／平方キロメートルが都市の定義ではないかと村松さんのグループは提示しています。これは非常に明快な都市の定義です。実際には、国ごとにもしくは地域ごとに、都市の成り立ちはだいぶ異なります。国ごとにそれぞれの定義をしていたりもしますが、この指標は世界規模で見た時の都市の定義として、非常に明快な捉え方を与えてくれています。

左の図は国連が出している統計をグラフにしたものです。一九五〇年の段階では世界でたった三〇パーセントの人だけが都市で暮らしていましたが、現在は五〇パーセントを超え、さらに右肩上がりで伸びています。地域ごとに見ていくと、例えば北アメリカは、もともと戦後から六〇パーセントを超えていたものが、現在は九〇パーセント。オセアニアは、ずっ

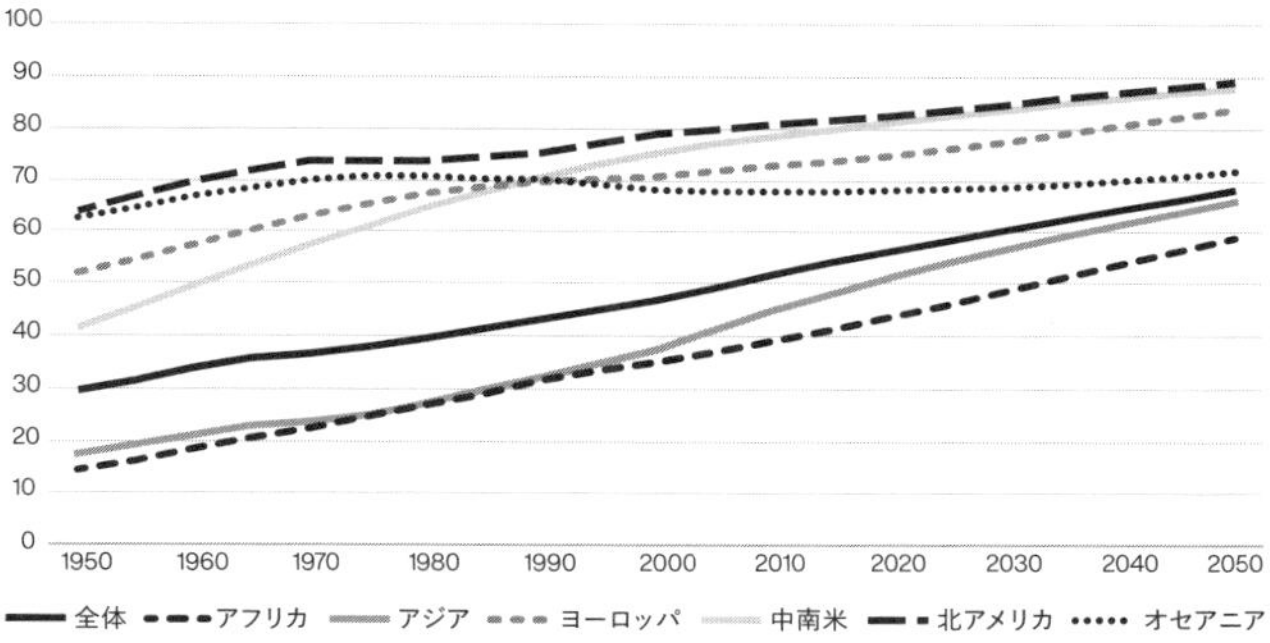

1950年から2050年の世界の都市人口の割合

と七〇パーセント前後でほぼ横ばいで推移しています。ヨーロッパ圏は、もともと五〇パーセント超からスタートして、緩やかに上がってきています。南アメリカもやや上昇していますが、その上昇のペースは二〇〇〇年ぐらいに入ると少し緩やかになっています。一方のアジアやアフリカは、現在も右肩上がりに伸びています。世界で都市に暮らす人が半数以上になったという現代ですが、アジアおよびアフリカの都市化が、世界の全体の割合を底上げをしているようなかたちになっています。こうして見ると、地域ごとに都市化の具合には大きな違いがありますし、それぞれの都市の様相もまるで違うのだろうと想像がつきます。ダリル・ブリッカーとジョン・イビットソンは著書『二〇五〇年世界人口大減少』の中で、現在予想

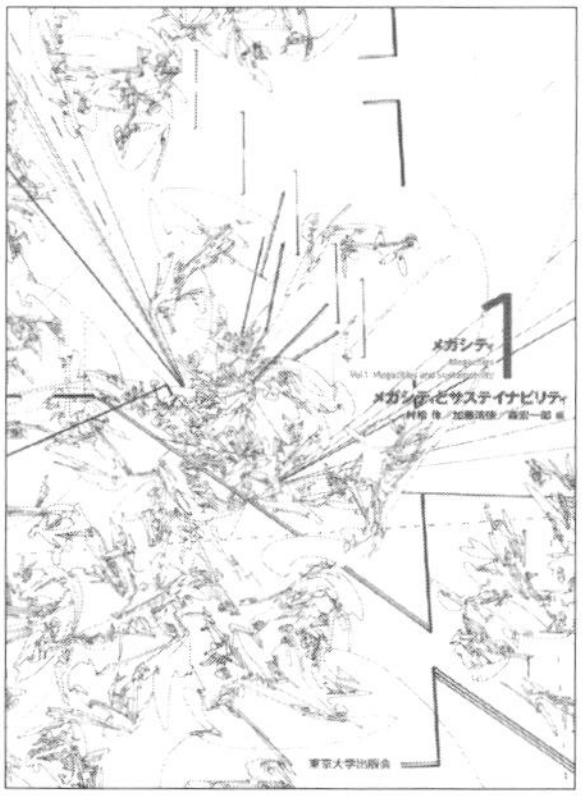

されているような世界規模での人口爆発は、発展途上国における教育の普及と若年層の労働環境の変化によって起こりえないと主張しています。人口の推移については外的要因もあり、予想は難しいと思いますが、途上国における第三次産業化に伴う都市への人口集中という現象は、確実に起こるでしょうし、既にその始まりが見られます。都市化を先取りした先進国のライフスタイルが高密度居住を前提としたものから変化しない限り、都市化の割合は増えることはあっても、減ることはないでしょう。

ちなみに、現在の東京の人口密度がどれくらいかわかるでしょうか。例えば、東京と大阪の中心部の人口密度を見ると、だいたい同じぐらいです。東京では豊島区が一番多くて約二万三〇〇〇人／平方キロメートル、中野区は二万二〇〇〇人／平方キロメートル、荒川区と台東区、本郷キャンパスがある文京区が同じくらいで二万一〇〇〇人／平方キロメートル、墨田区二万人／平方キロメートル、新宿区と駒場キャンパスがある目黒区が一万九〇〇〇人

／平方キロメートル。揃ったようにほぼ同じです。大阪府で一番多いのは城東区で二万人／平方キロメートルです。東京と大阪は都市の成り立ちや構成がまるで違いますが、結果的に人口密度はほぼ同じぐらいです。なんとも不思議ですね。おそらく、今の日本の状況、つまり法律や制度、技術などを組み合わせると、だいたいこのあたりが日本の人口密度の上限なんだろうと思います。先ほどのル・コルビュジエの「三〇〇万人の都市」の場合は、ごく限られた中心部を除けば三万人／平方キロメートルですから、数値的には近いですね。ル・コルビュジエの場合は、建蔽率を下げて、建物の周りに緑豊かな空間をつくることが趣旨だったので、単純な人口密度比較というわけではないですが、それでも比較的近い人口密度になっていることを考えると、人間が集まって暮らすことができる密度というのは、これぐらいが限界なのかもしれません。そして、その水準に今の日本が達しつつあるという現実も、このデータを見るとよくわかります。

ここからは、現在の日本の法律で、都市がどのように定義されているかを見てみましょう。まずは、最も都市に直結しそうな都市計画法（一九六八）を見てみます。用途地域等を定めるという実務的な意味もありますが、都市計画法は、建築にとっても非常に重要なものです。もともと一九一九年に、市街地建築物法（今の建築基準法の基になっている法律）と、都市計画法（旧法）が制定されました。名称は今の都市計画法と同じですが、中身が少し違うので都市計画法（旧法）と呼ばれています。一方は建物のことを定め、一方は都市のことを定めていますが、建築基準法と都市計画法の基となっている法律はともに一九一九年に制定されており、この二つの法律はいわば双子のようなもので、生まれた時から相互に連携してきたということは重要な事実です。

現在の都市計画法では、第四条に言葉の定義を定めているのですが、ここでは都市そのものの定義はされておらず、都市計画とは何か、が書かれています。また、都市計画区域については、どこまでが都市計画の範囲かということが記述されていますが、厳密に定義されているわけではなく、中心市街地や自然、もしくは社会的な条件から一体の都市として考えられる範囲であるという記述になっています。このように、都市計画の定義は行われているものの、都市の定義そのものは行われていないのです。建築基準法において、第二条で「土地に定着する工作物のうち、屋根及び柱若しくは壁を有するもの」として建築物の定義が明確に規定されていることとは対称的です。

もう一つ、都市に密接に関係するものとしては、二〇〇四年に制定された景観法があります。第二条で基本理念が規定されているのですが、すべて「良好な景観は」という書き出しになっていて、景観というのは何なのかという根本のところは景観法では定義されていません。この景観法は少し特徴的なので補足します。例えば京都の宇治は景観行政が有名なのですが、皆が知っている平等院の美しい眺望の奥の方の民地に、タワーマンションが建ってしまったことがありました。もともと宇治市は熱心に景観行政を進めていて、いろいろな景観条例を制定していましたが、景観条例はあくまで自治体が定めるルールなので、強制力がありません。建築基準法や消防法などの私たちに身近な法律は強制力がありますし、場合によっては罰則規定もありますが、条例は努力義務になってしまうこともあり、良好な景観が破壊されてしまうというケースが各地で起こっていました。景観法は、そうした各自治体が定める景観条例に法的拘束力を持たせるという性格のものなので、それぞれの自治体をバックアップするというのが本来の役割です。ですので、景観法そのもので景観の定義をするというわけではなくて、各自治体が進める条例をはじめとした景観行政に力を与えるという位置づけとなっています。

先ほど、建築基準法と都市計画法が双子のようなものだと書きましたが、明確に建物を定義できる建築基準法に対して、都市計画法では都市を定義していません。人が一定の割合で集まって暮らすエリアを都市だと想定していることは、法律を読んでいてわかりますが、都市の成り立ちなどの歴史的経緯にも地域差があり、一概には決められないと判断したのだと思います。都市は、皆が知っているものですが、その定義はいまだに難しい。こうしたところにも、都市という存在の難しさと面白さを感じることができます。

ちなみに、今、私たちの研究室では、助教の小南弘季さんを中心に低密度地域の研究を進めています。村松さんのグループが提唱した、二〇〇〇人／平方キロメートルという都市の定義よりも、もう一段低い人口密度の地域、だいたい一〇〇〇～二〇〇〇人／平方キロメートルの地域を対象にして調査を進めています。この研究がもう少し進んでくると、都市と非都市の違いがはっきりとしてくるので、これまでとは違うかたちで都市の定義ができるようになるのではと考えています。

密度を可能にした技術

前近代の集落とは異なり、都市のような高い人口密度を成立させるためには、それを可能とする技術の存在がなくてはなりません。例えば、日常的に使うと想定した場合、三階ぐらいまでは上り下りできるかもしれませんが、三〇階となるとほぼ不可能なので、高層ビルを人の居場所にするにはエレベーターが不可欠です。エレベーターもいくつか開発のフェーズがありますが、実用化に至ったのは一八五三年だと言われています。大政奉還の行われた一八六七年に開催されたパリ万博にてエレベーターが紹介されたとも言われていますが、時代的にちょうどその頃にエレベーターが実用化されました。その後、シカゴ大火があった一八七一年の前後で鉄の値段が安くなってきて、一般に利用できるようになり、シカゴ大火の復興の過程の中で、鉄を使った高層ビルが誕生します。エアコンは一九〇二年、最初温室などで実用化されたそうですが、高層ビルともなると風が非常に強く、窓を開けるわけにもいきませんから、室内の空気を制御するエアコンが不可欠です。また、日本で最初に地下鉄ができたのは一九一五年です。路上交通だけでは人口密度を上げきれませんから、公共交通を地下に建設し大量輸送を実現する技術が必要です。日本で最初の高層ビルである霞が関ビルができたのは一九六八年です。霞が関ビルを設計したのは山下設計で、池田武邦（一九二四–二〇二二）が設計に携わっています。残念ながら池田さんはお亡くなりになってしまいましたが、生前、日本で初めての高層ビルの設計にまつわるさまざまなエピソードを聞かせていただきました。今でこそ、高層ビルが当たり前になりましたが、日本で初めて高層ビルをつくったのも、当事者に直接話が聞けるくらいの近い過去の話です。高層ビルができないと単位面積あたりの人口密度を上げることは難しいですから、今のような高密度な暮らし方を成立させるための技術の起源は、そこまで古いものではないことがわかると思います。歴史的なパースペクティブの中で捉えれば、私たちは都市のかたち、つまり、集まって暮らすことのかたちをまだまだ考える必要がありますし、より良いあり方を創造する余地があるはずです。今、私たちが暮らしている都市は、アンタッチャブルな「前提」ではないのです。

離島での調査

私が景観研究室に在籍していた頃、三浦詩乃さんが沖縄県の竹富島を対象にした研究を行いました。竹富島は、石垣島から船で一〇分ほどの八重山諸島にある美しい島です。集落は、重要伝統的建造物群保存地区に指定され、文化の継承にも熱心に取り組んでいます。ちなみに、竹富島でまちづくりに取り組んできた方々に話を伺った内容を本にしていますので、まちづくりのプロセスに興味がある方は、『このまちに生きる――成功するまちづくりと地域再生力』（篠原修・内藤廣・川添善行・崎谷浩一郎編、彰国社、二〇一三）という本をご覧ください。

竹富島は非常に美しい島で、砂が敷かれた道の両側には石垣が積まれています。その石垣の高さは島の全集落でほぼ同じで、その奥に家々の赤瓦が見え隠れします。フクギという常緑樹の木が植わっていて、ところどころにブーゲンビリアが咲いている、というのがこの島の風景です。竹富島は珊瑚礁が隆起してできた島で、島の周囲には遠浅の海が広がっています。毎朝、島民は家の前を掃除するのですが、これはきちんとしたルールになっていて、私が調査に入っていた頃は、もし誰かがこの掃除をさぼると島内放送で呼ばれる、なんてことがあると伺いました。社会的つながりのしっかりとした島です。そうした社会的なつながりがあることで、島内の環境が良質に保たれるというところもあって、後ほど、四人のジレンマの話をしますが、そのような社会的なコミュニケーションが島の中の決まり事としても保たれている場所です。竹富島では、妻籠という岐阜県の古い宿場町のまちづくりを非常に参考にしていて、自分たちの土地を外の人に売らないというルールをつくっています。そうすることで、島の人たちの共通認識を、きちんと守っているのです。

高い所から見ると、同じような大きさの同じような家屋が並んでいるのがわかります。調査をするにあたって、仮説が必要になりますが、まずここは毎年台風が上陸、もしくは近くを通過するエリアです。台湾にほど近い八重山諸島なので、熱帯性の低気圧が、勢力の強い時期に上陸してきますので、非常に強い風雨に襲われる地域です。一方、ここはケッペンの気候区分では、亜熱帯性気候で、一言でいえばとにかく暑い。暑さへの対策がないと快適には暮らしていくことができません。さらに、ここは文化庁が定める重要伝統的建造物群保存地区、いわゆる伝建地区に指定されていて、古くからのまちのかたちを継承している、つまり、文化財に登録されるような、古いまちなみを今に残している集落であるというようなことです。この、台風が来る、暑い、古くからのまちのかたちを残している、という三つの条件から導かれる仮説は、この竹富島の風景というのは、風からは身を守りつつ、風を利用する、そういう風景になっているのではないかというものです。今であれば、例えばコンクリートでつくったり、鉄やガラスを使ったりして、台風から身を守ることは簡単ですが、思い出していただくとわかるとおり、ここは伝建地区に指定されるくらい古い集落のかたちを残しています。つまり、近代化される以前からの集落のつくり方がそのまま継承されている地域なのです。したがって、そういう構造的な補強が容易に可能な金属やコンクリートのない時代に、ローカルな木造の技術だけでつくっている集落なのに、強烈な台風から身を守らなければならない。一方では暑い。今はエアコンを使えば涼しくなるわけですけど、当然のことながら昔はエアコンなどありません。空調技術のない時代に涼しくするには、風を取り込むしかないわけです。ここまできて、矛盾した条件が出てきていることに気がつくと思います。風から防ぎたいけど風を利用したい。しかも、それを近代的な技術を使わずに、となると、風景の形態そのものが、風の防御と利用を同時に実現するような形態になっていなければいけないわけです。そういう仮説を研究室で議論し、研究を始めました。

竹富島の集落の一般的な形式では、敷地を石垣で囲むのですが、塀の中に一か所だけ入り口があります。この部分の突き当たりの塀は地元ではヒンプンと呼ばれています。風水的な理由だとも言われていますが、今回の研究ではこれが風のコントロールに重要な意味を果たしていることがわかりました。また、赤い瓦の屋根がありますが、これは間口が奥行きよりも一間長いという法則があります。間口五間奥行き四間、もしくは間口七間奥行六間などという具合です。そうすると、寄せ棟で屋根を上げていくと、棟の部分の長さが必ず一間になります。つまり間口と奥行きが一間違うと、そこから寄せ棟の屋根の勾配をかけていけば、棟の長さが必ず一間になるのです。大きな家でも小さな家でも、この棟の長さは一様になります。想像してもらえればわかると思いますが、多少貧富の差があって、大きな家をつくれる人がいたり、小さな家に暮らす人もいますけど、棟の長さが同じだと、何となく集落全体

竹富島の集落

の建物の大きさが揃って見えます。これは非常に素晴らしい工夫だと思います。つまり、集落内の貧富の格差が可視化されにくいデザインなのです。あとは常緑樹のフクギです。フクギは竹富島だけでなくて石垣島にもありますし、沖縄本島にも見られるこの地域特有の植生です。

こうした集落の形態を三つある集落それぞれで実測しました。実測は、昼間に行わなければなりません。石垣の中にハブがいることがあり、日中は暑いので石垣の隙間の影の中で寝ているのですが、夜になると石垣から出てくるのです。夜に道の端を歩いていると石垣の中にいたハブに噛まれてしまうので、道の真ん中を歩くように言われます。実際これらを実測して、三次元化しCFD解析しました。CFD解析は、昔は三次元データをコード化して分析に流し込む際にバグが出てしまったりして、なかなかすぐには演算が進まなかったり結構大変だったのですが、今はだいぶ進化して日常的に使えるようになりました。この研究では、いろいろとパラメーターを変えて検証してみました。石垣の高さを高くしてみるとか、屋根の勾配を変えてみるとか、木の位置を変えてみるとか、実測したデータから、少しずつ変数を変えていきます。その結果、竹富島の風景というのは、風の防御と風の利用のバランスとして形成されているということがわかりました。特定の景観要素だけが効果を発揮しているということではなく、風景の全体が一つのシステムとして効果を発揮しているのです。つまり、道の幅が変わるとか、フクギの位置が変わるとか、石垣の高さが変わるとか、どれか一つの景観要素が変わってしまうと、例えば乱流が発生し風が渦になって応力が集中してしまい、瓦を飛ばしてしまったり屋根を壊してしまいます。竹富島の風景というのは、個々の景観要素がうまく連携しながら全体として効果を発揮しているということがわかりました。

まちづくりの現場で風景の価値を議論する際に、歴史的に残っているから保存しましょうというふうに考えられることが多いのですが、その歴史的なかたちのどういうところに意味があるのか、ということを根源的に遡って考える必要があります。日本各地の個別的で厳しい環境の中で人々が暮らすために、何世代もかけて知恵を集積しながら、こうした風景が生まれ守られてきたのです。おそらく最初の頃は、台風が来たら屋根が飛ばされてしまう家があったり、部屋の中に風が通らずに暑い家とか、そういう建物ができてしまったこともあったと思います。そうしたトライアンドエラーを長い時間をかけながら少しずつ改善し、その結果として風景が立ち現れているのです。

今回取り上げた竹富島の場合は風ですが、例えば、急流河川として有名な富山の常願寺川流域だったりすると今度は洪水に対する工夫が風景をつくっています。この常願寺川の流域では、洪水を避けるため、五〇センチぐらいに石垣を積んで、わずかな微高地を人の手でつくりながら暮らしています。水は怖くもありますが、農業用水や飲料水など水を利用しないと暮らしていくことはできません。水の利用と防御のバランスの中で流域の風景が生まれてくるのですが、この竹富島にしても他の地域にしても、ある環境の中で利用しつつ防御しつつ、人々が集まって暮らす。そういう集まって暮らすための形態を、場所ごとに発見し蓄積してきた結晶が風景として目の前に現れているのです。人が集まって暮らすための技術、もしくはその場所で最適な集まり方というのは、地域ごとに自ずと異なるはずです。紹介したような地域では、技術が今よりも少しシンプルだった時代に形成されたからこそ、集落の形成メカニズムを明快に説明することができるという側面があるのは事実です。しかし、風景の背後にあるメカニズムをあぶり出し、理解し継承するというスタンスは、現代においても同様に必要です。私たちはこの二一世紀においても、その場所なりの集まり方を発見し創造する必要があります。

城下町を考える

日本には、県庁所在地が四七ありますが、その大半（左図で丸印をつけた都市）がもともと城下町を起源とした都市です。例えば時々私が訪れる福井県なども、もともと城郭があった場所がそのまま県庁舎に置き換えられています。なお、埼玉や那覇などは、もともと城下町ではありますが、現在の都市の中心部と城があった場所が離れているので、必ずしも城下町の骨格をそのまま継承しているわけではありません。近世から近代になり、大きな戦争も体験し、この国はこの一五〇年近くで大きく変わったところもありますが、都市空間という観点から見ると、近世から継承しているものも多くあるわけです。

以前お手伝いしていた都市に大分県の竹田というまちがあります。現在の竹田のまちはもともと豊後国の岡藩の城下町でした。岡城がある城下町に市街地が形成されています。もともとの城下町は、当然のことながら車を想定していない町割りになっていますので、近代的な都市の在り方とはだいぶ違います。そういう街路空間に車を通そうとすると、古い城下町の道幅では足りないので拡幅する必要があります。そうすると、通り沿いの建物や敷地形状を大きく変更する必要が出るなど、歩いて移動するときは問題のない道の構成でも、車が通

北海道／札幌市	○ 石川県／金沢市	○ 岡山県／岡山市
青森県／青森市	○ 福井県／福井市	○ 広島県／広島市
○ 岩手県／盛岡市	○ 山梨県／甲府市	○ 山口県／山口市
○ 宮城県／仙台市	○ 長野県／長野市	○ 徳島県／徳島市
○ 秋田県／秋田市	○ 岐阜県／岐阜市	○ 香川県／高松市
○ 山形県／山形市	○ 静岡県／静岡市	○ 愛媛県／松山市
○ 福島県／福島市	○ 愛知県／名古屋市	○ 高知県／高知市
○ 茨城県／水戸市	○ 三重県／津市	○ 福岡県／福岡市
○ 栃木県／宇都宮市	○ 滋賀県／大津市	○ 佐賀県／佐賀市
○ 群馬県／前橋市	京都府／京都市	長崎県／長崎市
△ 埼玉県／さいたま市	○ 大阪府／大阪市	○ 熊本県／熊本市
千葉県／千葉市	兵庫県／神戸市	○ 大分県／大分市
○ 東京都／新宿区	奈良県／奈良市	宮崎県／宮崎市
神奈川県／横浜市	○ 和歌山県／和歌山市	○ 鹿児島県／鹿児島市
新潟県／新潟市	○ 鳥取県／鳥取市	△ 沖縄県／那覇市
○ 富山県／富山市	○ 島根県／松江市	

全国の都道府県庁所在地

ろうとするといろんな不都合が生じてしまいます。城下町由来のまちは、近代的な要求に対応するために更新しようとすると、いろいろな不都合が生まれることがよくあるのです。さらに、日本の場合、木造がベースになるので建物そのものが長期にわたって残っていくということは多くありませんが、土地の所有者は相続などを経つつも特定の集団に固定化されやすいので、道割つまり敷地の形状や道の形は残りやすいという特徴があります。それでも、自動車交通など近代的なインフラを城下町に導入しようとする時に、本来のまちの姿が破壊されてしまうケースも多くあります。近代化の以前から存在する都市の更新は、多くの都市で共通する課題だと思います。ちなみに、竹田の場合は、城下町の中央を横切る広幅員の都市計画道路が何十年も前に計画されていました。しかし、当時の市長や行政の方々はこの都市計画道路の見直しを行い、城下町の骨格を残すという決断を行いました。住民の方々はとても前向きな方が多く、こうやって継承された空間の骨格の中で、これからも生き生きとした暮らしを続けていくことでしょう。

現在は「都市の時代」であると言いましたが、それは必ずしも良い側面だけではありません。国内で見れば三大都市圏を除くと、どの都市も中心市街地の空洞化や人口減少、高齢化、耐震化などで、多くの課題に直面しているのも事実です。特に、地方の中核都市は、こうした流れが止まるどころか加速しています。「都市の時代」は「都市問題に直面する時代」でもあるのです。日本は二〇〇〇年前まで、藩ごとの暮らしがあり人々の移動も制限されていたため、分散型の国土となっていました。各地で栄えたかつての城下町は、そうした分散型の国土であったからこそ、それぞれが存立できていたわけです。このまま、大都市に偏重した状況が続くと、城下町に継承されてきた各地の文化的資源が損なわれてしまいます。さらに、中核都市ですらない地方都市、もしくは、都市未満の地方集落は、もっと多くの困難に直面

山に囲まれた城下町・竹田のまちなみ

していいます。県庁所在地でもない人口密度を上げきれなかった地方都市はどうしていけばいいのか。これまで都市をドライブさせてきた資本の力だけでは、限界があります。資本の力に頼るだけではない、抜本的な対策が必要です。例えば、現在「空き家」問題が各地で取り上げられていますが、「空き家」とは、家を使っていない状態を指すだけで、そこに問題の本質があるわけではありません。都市が魅力的でないから「空き家」になっているのか、家族の状況がその家を必要としていないのか。「空き家」の背後にある問題に対して対策を取らない限り、「空き家」問題は解決しません。建築家が都市に対してできることは限られているかもしれません。しかし、都市の質を向上させる、という点では、建築家ができることはたくさんあるはずです。

一つ一つの想像力

写真家の都築響一さんの写真集に『TOKYO STYLE』（一九九七）と題されたものがあります。暮らしている人の部屋をそのまま撮影し、生活の匂いが立ち込めてくるような写真がたくさん収められています。住まい手自身は写っていませんが、部屋の様子からあれこれと想像すると、職業もいろいろな人がいそうで、どういう暮らし方をしているのだろうとか、どういう人物なんだろうかと思い浮かべてしまう、そういう興味深い写真集です。都市というと漠然としてしまいますが、この『TOKYO STYLE』にあるようなリアルな人間への想像力を常に持っていたいと思います。

外から見ていると同じような建物ばかりが並ぶ住宅地でも、一つ一つの部屋や家には、匿名の人間ではなく、忘れられない思い出がこびりついた物に囲まれて生身の人間が暮らしているのが都市です。特に計画する立場の人こそ、こういう肌感覚や一人一人の匂いというか、そういうものを忘れてはいけないと思います。普通はなかなか人の生活を覗き見るということはできませんので、そういう意味でも、『TOKYO STYLE』という本が果たした役割、与えた衝撃というのは非常に大きなものがあったのだと思います。

『TOKYO STYLE』が描き出したのは、どちらかというと都市文化とか都市生活というものに近いと思います。本書では、都市と建築の関わり方、建築が都市をどう豊かにできるか、都市が建築にどのような影響を与えるかというところに主眼に置いていますので、あくまで都市の空間的側面を主に扱います。ですので、実際どういう都市文化が涵養されてきたかとか、都市文化に対してどのようにアプローチしうるのか、というところまでは手が届きません。例えば三浦展さんや南後由和さんなど、多くの社会学者が都市論を書いています。興味がある人は彼らの仕事を読むと、都市空間の中でどのような文化が育ってきたのか、についても理解がしやすいと思います。特に、南後は、『ひとり空間の都市論』（二〇一八）という本の中で、都市の中で「ひとり」になれる空間を取り上げています。都市というと、皆が集まる、仲良くする、という漠然とした印象を持ちますが、カラオケや漫画喫茶など、一人で利用する空間が生まれているのも非常に面白い現象であり、そうした調査から今の都市が有している現代性を明らかにしようとしたものです。南後は建築にも造詣が深く、このような社会学者の言説も、建築家にとっては多くの気づきが得られます。

前にも書きましたが、都市が生まれる理由は、集まることのメリットがデメリットを上回るからです。例えば古くは防衛ができるとか集団作業ができるというところがメリットでした。一方、コロナの期間を通して認識したと思いますが、人が集まれば集まるほど環境からの恩恵が減ったり、必ずしも人口密度だけによるわけではないでしょうが、人間関係への悪影響もないとは言えません。これらは、集まって暮らすことのデメリットなのかもしれません。しかし、メリットがデメリットを上回ると考える人が多いからこそ、都市のような集合形態が生まれるわけです。例えば、これまで述べてきた都市文化も人が集まるからこそ生まれました。人が集まり、分業が進むからこそ、社会としてはいろいろなことに挑戦でき、その中から面白いもの、新しいものが生まれてきます。そうして生まれてくる新しい文化を楽しむことができるのも紛れもない都市の恩恵です。物質的な利便性だけでなく、文化のような非物質的価値を含めた恩恵を享受するための工夫が都市という形態なのだと思います。

空間的アプローチ

良い都市空間を生み出すためには、どのような都市空間が良いのかをはっきりさせなくてはなりません。これまで、多くの研究者や建築家が、都市空間を評価する方法について研究を行ってきました。ここでは、そうした都市空間の評価に関する研究を紹介していきたいと思います。

比較的基礎的な評価手法に、D／Hというものがあります。外路の幅Dと隣接する建物の高さHの割り算、D÷Hで、外路空間の性格を評価しようとするものです。D／Hの数字が大きくなればなるほど空間的に広がりが生まれ、D／Hが一を切っていくと、少し閉じた印象になります。ミケランジェロは、D／H＝1が良いと言っていたそうで、割と整った印象です。D／Hの研究はいろいろな人がやっていて、一般的なものはD／Hの値に応じて街路空間の印象がどのように変わるかをSD法などを用いて分析するというものです。わかりやすい手法であるため非常に便利ではありますが、一方で、単にD／Hの比だけではなく、スケールが重要だという指摘もあります。例えば、同じD／H＝1であっても、三×三メートルの場合と一〇〇×一〇〇メートルの場合というのは、当然のことながらまったく印象が変わります。このように、単にD／Hの値だけでは、街路空間の印象の全てを説明することはできませんが、方法も簡易なことからよく知られた都市空間の分析手法として紹介しておきます。

そして、このD／Hという都市空間の形状に基づく値を、人間の知覚と関係づけようとしたものに、メルテンスの法則というものがあります。D／H＝2（仰角二七度）ぐらいまでであれば建物を全体として把握でき、D／H＝3（仰角一八度）くらいになると横につながった時に一群の建築として把握できる寸法だと言われています。例えば、近い時はだいぶ見上げることになるわけですが、だんだん距離が離れてくると、仰角が小さくなって全体を認知することができるようになります。例えばサンピエトロ広場では、塔の高さが仰角二七度で、D／H＝2のラインと一致しているということがわかっています。つまり、広場をはじめとした都市空間のつくり方としては、ただ建物内部の理屈だけで外形を決めるだけでなく、建物の外部に生まれる空間という観点からも考える必要があります。

工業デザイナーであるヘンリー・ドレイファス（一九〇四〜一九七二）の研究では、さきほどの研究をより細かく分析し、立った姿勢の時に自然と目線が行くのが、俯角（見下ろし）一〇度だという結果を明らかにしています。ちなみに、座った時はだいたい俯角一五度ぐらい。あともう一つは、眼球の動きとして、仰角は三〇度までという結果があります。これは、先ほど紹介したサンピエトロ広場の仰角とも一致しています。この俯角一〇度と仰角二七度という数字は、建築の人はあまり知らないと思いますので、ご紹介しておきます。

樋口忠彦さんは、景観研究の第一人者ですが、この俯角一〇度について、非常に面白い研究をされています。眺望が有名な函館山を対象とした研究なのですが、山頂から函館のまちを見下ろした俯角一〇度の線を地図に落とし込むと、この俯角一〇度の線の周辺に港や市街地が重なるというのです。これが函館の夜景が一〇〇万ドルの夜景だと言われる科学的根拠です。私たちが都市空間を体験する際には、こうした人間の特性が定量的に影響しており、そのメカニズムを知っているか知らないかは、計画者にとっては非常に重要な違いとなりそうです。

ちなみに、函館山は日露戦争から太平洋戦争にかけて軍事拠点があったことから地図にも表記されず、五〇年間人の立ち入りが禁止されていたそうです。そのため、現在では自然豊かな山として今でも豊かな生態系を残しています。

樋口はこの知見をさらに広く適用しています。風光明媚といわれる湖を対象に、横軸に湖との距離、縦軸に高さをとったグラフにプロットしています。例えば十和田湖であれば十和田山、洞爺湖の場合は有珠山、これら見下ろしの高さと視距離を縦軸と横軸でとると、角度が自ずと計算できるわけですね。その結果、俯角一〇度の線が湖面に落ちていることは、視点と湖面とが視覚的な関係を持つために必要な条件であるとしています。逆に、一〇度の線が湖に落ちていないと見ている人と湖との関係がつくれない。さらに、俯角二度よりも遠方まで湖面がある場合は、ほぼ水平に近くなるので湖面が広いと感じ、湖面の遠方が茫漠としてしまう。一方、湖面の近点に対する俯角が三〇度を超える場合は、湖面が直下に近いように感じ、恐怖感すら伴う視点となる。遠すぎず、近すぎず、一〇度のあたりにあるような景観が、名勝もしくは風景がきれいな場所だと言われていると結論づけています。こうした知見は、なにも自然景観だけでなく、都市デザインや建築の設計にも応用できそうですね。

さらに、これは単に見下ろし景観だけではなくて、領域の知覚にも関係してきます。だいたい目線の高さが一・五メートルの人にとっての一〇度のラインというのは、距離にして八・五メートル程度です。また、三〇度が見下ろしの限界だと言われていますが、三〇度より近いところはhere、その先がthereと分かれるといいます。これらの話は、都市空間に身を置く時の領域感覚につながりますので、具体的な寸法としても有用な知見だと思います。

さらに、山などの見え方を庭園のデザインに取り込む借景に関する研究もあります。例えば仙巌

園からの桜島のように、借景が美しいと言われている場所から、山までの水平距離と山の高さを割り出して、その角度を分析します。すると、美しいとされる山の見え方は、だいたい五度から一〇度ぐらいのあたりに分布していて、日本の文化の中で伝統的に大切にされてきた風景の見え方、もしくは建築と外部空間の関係性の中にも、一定の科学的な法則が存在していることが明らかになりました。

都市の見方

建築用語で内側の角を入隅、外側の角を出隅と言いますが、芦原義信（一九一八〜二〇〇三）は、入隅をきちんとつくらないと広場空間は生まれにくいと言っています。街路の中に公園をつくろうとすると、道が抜けてしまって入隅がきちんとつくれませんが、イタリアにあるような中世由来の都市では、入隅がしっかりした広場があります。この入隅の話は、単に都市空間だけに言われることではありません。青木淳さんが青森県立美術館を設計している時に、ホワイトキューブの問題をとても丁寧に検討されていました。美術館の場合は入隅をつくっていくとホワイトキューブになるのですが、逆に角を抜いていくと、ホワイトキューブの完結性が崩れていって、シークエンスの中で展示空間を見ていけます。つまり、入隅をきちんとつくるかどうかは、都市空間の話だけではなくて、シークエンスを持った建築空間でも重要なポイントです。逆にいえば、建築設計の方法論は、都市空間のデザインにも応用できるということでもあります。建築空間をつくる上での工夫が、都市空間にも応用しうるからこそ、建築家はもっと都市に関わりを持たなくてはなりません。

都市の研究には面白いもの、皆の記憶に残るようなものも多々あります。そうした研究が可能なのも、やはり都市というものの懐の深さによるのだと思います。もはや古典になっているると思いますが、ケヴィン・リンチ（一九一八〜一九八四）の『都市のイメージ』（一九六〇）では、それまで計画者の視点だけで都市について議論していたものを、都市に生活する人の目線に立って、環境に対して抱くイメージを分析していくという手法を取りました。リンチによると、アイデンティティ・ストラクチャー・ミーニングの三つが都市を形成しているのですが、その中でアイデンティティとストラクチャー、つまり物理的な特性に注目して、生活者が都市をどのようにイメージしているかをまとめています。有名なパス・エッジ・ノード・ディストリクト・ランドマークというのは、このアイデンティティとストラクチャーという物理的特性の中に見えてきた要素です。

桑子敏雄さんは『環境の哲学』（一九九九）の中で、「モノの豊かさ」ではなく「空間の豊かさ」が重要であり、その「空間の豊かさ」を考える手がかりは歴史性を組み込んだ空間としての「空間の履歴」と身体が位置するところで知覚された空間の姿としての「風景」であるとしています。この本では、地名や住居表示も社会基盤の一つであり、空間の豊かさの構成要素であるとしています。例えば、火事で神社が失われてしまった地域に「神明町」と言う名前が残っていたりする例などが挙げられています。一方、「野鳥の森」というような名称は、人間のコンセプトを空間にあてはめて命名した地名であり、情報空間の中に位置する名前であるとしています。

二〇一一年にＵＩＡ（世界建築会議）の大会が東京で開催された時に、ＧＳデザイン会議の一員として担当した研究もちょっと変わっていました。ＵＩＡのテーマが二〇五〇年の東京というもので、当時から四〇年後の二〇五〇年のことを考えるには、四〇年という時間の長さがどれくらいの変化をもたらしうるのかを明らかにしようと考えました。そこで、人々の心情を代弁するものとしての歌謡曲を題材に一八九〇年、一九三〇年、一九七〇年、二〇一〇年と四〇年刻みで各時代の歌の分析を行いました。例えば、近代日本の初期の頃の歌謡曲で、

「鉄道唱歌」（一九〇〇）という歌があります。新橋、愛宕の山、高輪、品川、台場というように東海道を地名ごとに紹介していくのですが、いわば都市の見所というのを歌の中で紹介しています。時代が下ると、「銀座の柳」（一九三二）という名曲があります。ベルエポックと呼ばれていた大正時代の空気感を伝えており、銀座という地名のイメージとも重なりながら、都市生活を謳歌していることを歌った歌謡曲です。七〇年代には、有名な「神田川」（一九七三）があります。ここでは、一九三〇年代とはトーンは違ってきて、都市生活への疲弊や倦怠が歌われています。さらに二〇一〇年になると、だいぶ傾向に違いが見られます。二〇〇〇年から二〇〇九年までのオリコン上位一〇〇曲を各年で調べた合計一〇〇〇曲のうち、具体的な都市が歌われているのは「桜坂」（二〇〇〇）などの五曲だけです。「このまち」とか「あの駅」などの抽象的な歌詞が目立ち、具体的な地名がほとんど出てきません。都市空間への無関心なのか、もしくは場所性を持った都市には個人の物語を紡ぐことができなくなったのか、都市にリアリティを持てなくなったのか、個人と都市が乖離している状況と呼べるのか、この二〇〇〇年代の現象はさらなる分析が必要だと思っています。

一八九〇年の新聞記事を読んでいた時、ふと「飲んだくれの暗闘」という記事が目に入りました。九段靖国神社の某さんが、年始の機嫌で酔って、夜の一時頃に目を覚まして、お互いにくせ者だと思って暗闘、夜喧嘩をするも、巡回していた巡査に見つかって説得されたというような記事です。こうした記事を読むと、都市のかたちは変われど、都市生活の実態はそんなに変わっているわけでもないということがわかります。

ちなみに、昔はできたけれど、今はできない研究というものもあります。私が景観研究室に在籍していた頃、次のような研究が行われていました。昔は居酒屋やお店の案内図というものがどの店先にも置かれていました。今はネットで地図が見れるので、こうした案内図はほとんど作らなくなってしまいましたが、案内図は紙面の都合上、道順がわかる程度に都市の構造を簡略化して表現しています。その時の簡略化の方法は、都市によって異なります。例えば渋谷だと、必ずセンター街や109が書かれています。位置関係をわかりやすく伝えるためのランドマークや放射状に延びる道という渋谷の都市構造によって案内図の表現が決まるわけです。一方、例えば新宿のような都市だと、グリッド状の道路が描かれ、その中にお店の位置が示されます。このように、お店の案内図は、ランドマークやシンボルといった位置を把握する上で欠かせない要素（それはまちによって違う）を最大公約数的に抽出して表現する媒体でした。昔はこのような研究ができたのですが、今はネットの地図に置き換えられ、案内図をつくることはほとんどなくなってしまいました。

現代なりの地域性をあぶり出す研究もあります。教え子の矢野ひかるさんの研究では、秋葉原、浅草、池袋、上野、表参道、渋谷、新宿、原宿、谷中、六本木という一〇エリアを取り上げ、それぞれ三〇〇メートル四方の範囲を設定し、その範囲の中にあるお店の看板を調査しました。数量としては、最も数が多いのが渋谷、少ないのが谷中という結果となり、これはなんとなく予想通りかと思います。看板に使われているフォントを分類すると、秋葉原や池袋、渋谷などはゴシック体が多く、浅草や上野は隷書体、谷中は行書、表参道と六本木はアルファベットのスクリプト体が多いという結果になりました。この研究では、各エリアに抱くイメージも調査したのですが、それぞれのフォントが生み出すイメージとエリアのイメージとか見事にシンクロしていることがわかりました。さらに、それぞれの店主にインタビューしたところ、出店にあたり各エリアのイメージを把握した上で判断していることや、そのエリアのイメージに合うように看板のデザインを決めていることがわかりました。エリアのイメージに合うような店が集まり、看板をはじめ店舗から表出されるイメージがさらに地域のイメージを強化する、という相互作用を見つけることができました。現代都市の地域性は、実は看板のフォントという小さな部分にも、何気なく表出しているものなのだと驚きました。

「都市の時代」を考える

都市とは、水・エネルギー・防衛・移動など、個人単位では獲得できないものを手に入れるための仕組みです。そして、そのための手段を私たち人類は長い時間をかけて生み出してきました。集合住宅は、高密度での居住をできるだけ良好な環境で可能にする工夫であるし、その高密度によって地下鉄のようなコストの高いインフラの整備が可能になります。美術館のような集客が必要な施設も、人が集まっているからこそ実現できます。このように、文化的な営みでさえ、最低限の人の密度が必要となっています。多くの人が集まっていると知恵も生まれます。物理的な便利さだけではなく、知恵や文化など、そういう非物質的なものでさえ、都市の恩恵なのです。そういう意味でも、都市は人類にとってやはり不可欠なものでしょう。

イギリス貴族でありジャーナリストのマット・リドレーは、一〇万年に及ぶ壮大なスケールで人類の繁栄の歴史を描いた著作の中で、その繁栄の要因を分業と交易、信頼と集団的頭脳にあったと分析し、人と人とがつながりを持つ中で、それぞれの役割に特化し専門化することで、全体の豊かさが向上するとしています。そう考えてみれば、リドレーの著作のタイ

秋葉原
池袋　渋谷

太角ゴシック

騒々しい・若者向き
庶民的・最先端・個性的な

浅草
上野

隷書

伝統的・和風・庶民的
大人向き・親しみやすい

Omotesando
Roppongi

スクリプト

高級な ・おしゃれ
大人向き ・ 最先端 ・洋風

新宿

じゅうちょうフォント

騒々しい・大人向き
最先端・一般的・冷たい

HARAJUKU

ディスプレイ

若者向き・騒々しい・個性的な
おしゃれ・庶民的

谷中

行書

大人向き・伝統的・和風
落ち着いた・庶民的

こうしてみると、フォントは街のイメージそのものか？

トルになっている「繁栄」という言葉は「繋がって栄える」と書きますね。やはり、人と人のつながりをどのように調停するかは、人類の普遍的なテーマなのでしょう。なお、この書籍の第五章のタイトルは、「都市の勝利」と題され、都市の誕生が人類の発展に不可欠であったことを、古代から遡って説明しています。人類の歴史は、都市という集合の形式を、時々の技術を活用しながら構想し実装してきた歴史だといえるでしょう。

しかし、環境問題の高まりは、都市一辺倒の傾向にブレーキをかけました。例えば、ヒートアイランド現象は、人口が集中する都市を今の形式でつくるから起こる現象です。コロナ禍の前から、私の身近な人たちが東京から外に出て移住する様子も目にしてきました。ただし、本当にあちらこちらに人が分散して暮らすようになれば、電気、ガス、水道など生活を成立させるためのインフラのコストは増大し、今のような水準でのインフラの維持は困難になるでしょう。人が集まって暮らすからこそ、ふとした出会いを生んだり、インフラを効率的に共有したり、仕事を分担することで新しい文化が生まれる土壌が生まれてきたのです。しかし、高密度に人が集まる都市を実現する技術が工学的に実装されたのは、人類史の中ではまだ最近の出来事です。都市の姿は、今が理想だというわけでは決してありません。そしてその使い方もまだ未成熟だと思った方が良いでしょう。

二〇二二年二月に、一月一日の東京の人口が二六年ぶりに前年より減少したと報じられました。まるで、都市離れを伝えているようではありますが、よく調べてみると東京からの転出先で多いのは、神奈川や埼玉、千葉など、東京都に隣接する地域でした。つまり、全く別のライフスタイルに移行したというわけではなく、住む場所を選択しつつ都市の恩恵を享受する立地を選択しているのです。

街並みは、そこに住みついた人々が、その歴史のなかでつくりあげてきたものであり、そのつくられかたは風土と人間とのかかわりあいにおいて成立するものである。であるから、この地球上に現存する街並みは、その人間存在の時間的空間的な自己了解のしかたと深くかかわりあっているものである。

先にも紹介した芦原は、このように記しています。つまり、都市のあり方というのは、そこで暮らす人々の風土と人間の関係性が物質化してきたものであり、都市やまちなみを考える時は、空間的に時間的に自分たちが人間というものをどのように理解しているかという精神性が、物理的な都市の姿として立ち現れてくるはずだとしています。そうであるなら、今のように世界各地、日本全国、同じ都市のかたちが現れるというのは、やはりおかしい。本来であれば、気候や風土が異なれば、風土と人間の関わり合いのかたちとしての都市もそれぞれのかたちを持つはずです。そういう見地から、もう一度都市の姿、もしくは都市と建築の関係を、考え直す必要があるのではないでしょうか。

第4章

Architecture "for" the City

越境した先で見えたもの

第3章では紹介しきれませんでしたが、近代建築の動きの中で都市との関わりを生み出そうとする動きが皆無だったわけではありません。都市と建築の議論が本格的に始まったのは、アルド・ロッシ（一九三一－一九九七）の一九六六年の『都市の建築』や、一九六四年のクリストファー・アレグザンダー（一九三六－二〇二二）の『形の合成に関するノート』など、いずれもちょうど六〇年代頃で、わずか半世紀にすぎません。近代建築の中で、都市と建築の関係を再構築することが、いかに現代的な問いの設定であったのかがわかると思います。

学生の頃、私はオランダに留学していたのですが、デルフト工科大学には当時Urban Architectureというコースがあり、私はそこに在籍しながらいくつかのデザインスタジオや都市を分析するユニークなプログラムに参加していました。この都市分析のプログラムは、都市の地図を基に都市の構成原理を探り当てるというもので、街路の構成や建築の形態を手がかりに、都市の成り立ちを分析していました。オランダの都市は大きく三種類、つまり、城郭の中の都市、グリッド状の近代的な街区、ポルダー（干拓地。主に酪農・農地に利用）から構成されることが多く、こうした基本情報を基に都市の構成原理を分析することを繰り返し

留学時代の課題

ました。何度もやっていると、次第に地図を見ただけで都市の発展過程が思い浮かぶようになります。オランダは国土の半分ぐらいを自分たちで灌漑して、海を陸に変えてきたのですが、そうした経緯があるからこそ、非常に平らな大地が生まれ、都市と建築の形成過程が非常に密接に結びついています。建築を見ていると都市の成り立ちがよくわかるので、そういう意味でも都市と建築の関係は面白いなぁと当時感じました。オランダでは、都市も建築もインフラも、自分たちが計画してつくり上げていったという認識が共有されており、だからこそ川や道路、建築をフラットに考えるのが当然でしたし、この姿勢は今の私の考え方にも大きな影響を与えていると思います。

帰国した私は、今度は国ではなく分野を越境することになりました。内藤廣さんに師事するため、建築ではなく、土木の分野に足を踏み入れることにしたのです。当時の景観研究室は、篠原修、内藤廣、中井祐、福井恒明という陣容に、崎谷・西山・二井・西村という若手が続き活気ある取り組みを行っていました。土木は国土レベルの視点で百年の計を論じるわけですから、おのずと建築を外側から見続けることになり、建築に求められていることが何であるかを痛感することになりました。建築を建築だけで捉えるのではなく、より広い視野の中で捉えようとするスタンスは越境した先で見せてくれた景色がきっかけだったと思います。

第2章では、近代建築がフォルム先行で生まれたために都市との関わりを生み出せなかったという話をしましたが、この本の本題である「都市と建築の関係」が近代建築の運動の中で、全く試みられなかったわけではありません。そうした取り組みを紹介しながら、これから私たちが二一世紀の建築を考えるヒントを見つけていきたいと思います。

建築は都市の一部である

一九六六年にアルド・ロッシが著した『L'architettura della città（Architecture of the City）』という本があります。邦訳では『都市の建築』というタイトルがつけられており、書いてある内容は難解ではあるのですが、オブジェクト的な近代建築に対する批判をしつつ、建築は都市の一部であるということを明確に宣言した非常に重要な本です。都市は有機体であり、時間と空間の中で重なり合う層を形成してきたというティポロジアの考え方に影響されています。どうして重要かというと、例えば、ピロティで持ち上げられたサヴォワ邸は、敷地の状況によらず、敷地のコンテクスト（全体との脈絡）から独立しています。純粋な形態による建築は、それまでの様式建築に対して、さぞ革命的であったことでしょう。レンガ造の建物が並ぶ中に、このような建築をデザインすることのインパクトの大きさは想像に難し

くないですが、そうした形態としての独立性、明快なフォルムを求めるあまり、周囲の環境から孤立してしまうという欠点を初期の近代建築は内包していました。

そうした近代建築が内包する欠点に対して、建築は都市の一部であると改めて宣言したのが『都市の建築』です。建築の歴史は、ギリシャ、ローマにさかのぼると言われていますが、近代建築の中で都市との関係が議論され始めたのは最近の出来事であって、まだまだ未知の可能性がたくさんあると思います。

アレグザンダーは、ハーバード大学の最後の建築学博士と言われていますが、『形の合成に関するノート』（一九六四年）の中で、形態とコンテクストが適合している状態をアンサンブル（ensemble）として、単に形だけを抜き出して議論することはできないと言っています。その一三年後の本である『パタン・ランゲージ』（一九七七）では、八年間にも及ぶ調査・研究に基づき、二五三のパタンが抽出され、それらが一つのランゲージ（言語）として無数の組み合わせを可能にするというとてもユニークな構造が示されています。具体のデザインではなくデザインの体系を提示することで、家族や近隣の人たちと一緒に力を合わせて設計を進めるための、いわば手引き書のような存在です。二五三のパタンは、地域やまちなどの大きなスケールのものから、建物、部屋、アルコーブ、小物に至るまで大小さまざまな視点で採集したものが並んでいます。パタン・ランゲージを用いたからといって、自動的に素晴らしい建築が生み出せるわけではありませんが、こうした見方を提示することによって、専門家だけでなく市民にとっても大切な気づきを得ることができるようになるわけで、デザインの民主化を目指したことに大きな意味があると思います。実際このパタン・ランゲージは、神奈川県の真鶴のまちづくり条例などへ応用され、日本各地の景観行政にも影響を与えています。

この時期、ロバート・ヴェンチューリ（一九二五－二〇一八）は、同じように「都市との関係」について議論を始めています。『建築の多様性と対立性』（一九六六）では、高貴な純粋主義（ピューリズム）、純粋な近代建築への批判を行い、二重の意味を持つ要素であったり、よく使う慣習的な要素をそれまでの文脈と切り離して使うことを提案しています。その後『ラスベガス』（一九七二）では、ラスベガスのフィールドサーベイを行い、大衆文化を題材として建築とアーバンデザイン

の課題を解きほぐそうとしています。ラスベガスの醜悪とみなされていた景観を題材に、一般大衆の建築への嗜好を分析しました。それはモダニズムが拒否してきた、シンプルで美しいというものの対極にありますが、一方でそういうものを求める大衆の象徴があるというリアリティを論じており、建築を人と人とのコミュニケーションの仕組みの中で捉えていくという記号論的アプローチをとっています。ヴェンチューリは、都市との関係を議論しつつ、彼が「ピューリズム」と呼ぶ、純粋幾何学の近代建築への批判として行っているのが特徴的です。「Context in Architectural Composition」（一九五〇）はヴェンチューリの修士論文ですが、二〇世紀初頭のゲシュタルト心理学から発想し、建築がそれ自身で独立して存在するのではなく、都市空間に関係づけられた全体の中の部分として知覚されるということを指摘しています。

　都市と建築の関係を論じる時によく使われる言葉の一つとして、コンテクスチュアリズムがありますが、もともとこの言葉はコーリン・ロウ（一九二〇－一九九九）がコーネル大学でスタジオを持っていた時に生み出されました。日本でコンテクスチュアリズムというと、周りの状況に合わせてデザインを決めるかのように捉えられることも多いですが、それは誤解です。もともとのコンテクスチュアリズムという言葉が意味していたのは、理想形をコンテクストに応じて変形させることで都市空間と建築形態を決定し、漸進的に都市全体を改変していくというアプローチです。理想形があって、それを周りのコンテクストに応じて変形させていくというのがコンテクスチュアリズムの本来の意味であり、自分の理想形が何もなく、ただ周りに合わせるというのは、コンテクスチュアリズムでも何でもありません。

　コンテクスチュアリズムという概念も時代とともに変遷してきており、それはそのまま都市と建築の関係が時代ごとにどう考えられてきたかという移り変わりを反映しています。コンテクストは文脈という意味ですが、都市や建築は文章ではありませんので定義が難しいですね。最初は物理的なコンテクスト、つまりハードとしてのコンテクストを意味していましたが、ピーター・アイゼンマンが立ち上げた雑誌『Oppositions』の中でスチュアート・コーエンが、「Physical Context / Cultural Context」という分類を提示しています。つまり当初、物理的なハードとしてのコンテクストだけを想定していたのですが、そこに記号などの文化的なコン

テクストがもう一種類のコンテクストとして提示されたわけです。一九八〇年代になるとポストモダンになり、次第に意味論に偏重してきます。双眼鏡のようなデザインにしたり、ギリシャ神殿のモチーフを現代の建築に取り込むなど記号論的な形態操作になってしまいました。そして、都市空間の文脈に関する議論が深まらないままポストモダンが終わり、そしてその終焉とともにコンテクスチュアリズムも議論されることが少なくなってしまいました。

しかし、コンテクスチュアリズムそのものに問題があったわけではないと私は思います。秋元馨氏は「すべての建築家と建設に携わる多くの技術者には、建築単体だけでなく、環境の質を高めていく技術が求められている」と指摘しています。単に建物を建てればいいということではなく、建物を一棟建てるためにも多くの資源とエネルギーが投入されているわけですので、建物が周囲の環境の質を高めていくための方法論として当然考える必要があるというわけです。なお、先述の秋元はコンテクスチュアリズムに関する批判として、以下のような論点がありうるとしています。

- 「受け継ぐべきコンテクストがない」場合、設計上無力となってしまう。
- 隣接する既存建物の感傷的な模倣に陥る可能性がある。

●保守的態度であり、新しいものは生み出さない。
●当然の態度である。

一点目については、例えば埋め立て地に新しい建築や街をつくる場合など、この課題に直面することになると思います。しかし、コンテクストは何も受け継ぐだけではありません。これからの地域のコンテクストになるようなものを生み出していく、というアプローチが必要だと思います。二点目については、私も問題意識を持っています。周辺のコンテクストを参照しても、その参照元が先に失われてしまう可能性が十分にあります。建築の持つ時間の長さについて想像力を働かせる必要があります。三点目については、逆に過去をきちんと見るからこそ、新しいものが生み出せると思います。過去を見ることと、新しいものをつくることとは、矛盾しないまま共存できるはずです。四点目は、私も、コンテクスチュアリズムは当然の態度だと思います。問題は、その当然の態度が広く実施されないことにあると思います。

ただ周囲に合わせればよいというわけではなく、「既存の環境の無批判な踏襲」であってはなりません。何を残して何を残さないのかの判断が必要であり、形の類似性だけを求めるものでもありません。竹富島の例でも紹介したとおり、形の背後にある意味を考えることが重要です。形態を反復すればよいのか、軒の高さだけを揃えればよいのか、色を統一すればよいのか、の議論の前にその形であるべき理由が大切なのです。その場所のコンテクストとは何かという見方そのものが、次の創作に直結しています。

他にも現代の建築を論じる上で場所とのつながりを再考したアプローチとして、批判的地域主義があります。社会学者のアレクサンダー・ツォニスが「地域主義の問題」(一九八一)を論じ、建築と場所の関係に再び注目しましたが、建築の分野でよく知られているのはケネス・フランプトンの論考の方かもしれません。フランプトンは、批判的地域主義の建築を視覚的・映像的なものではなく、触覚的・構築的なものであるとし、第2章で紹介したヨーン・ウツソンをはじめ、アルヴァロ・シザやルイス・バラガン(一九〇二-一九八八)などの建築に見られる共通の特徴について論じています。彼のいう批判的地域主義の建築とは、中心的ではなく周縁的な活動であるとし、オブジェクトとしての建築ではなく、境界を意識した建築になると説明しています。そして、地形や光といった敷地に固有の要因を大切にするべきだとしています。

都市と建築の積極的な関係

日本の近代建築における都市との関わりは、戦争を挟んだこともあり戦後の取り組みが主になると思います。神奈川県立音楽堂（一九五四）は、前川國男（一九〇五－一九八六）の設計による音楽堂で、隣に図書館がついているのですが、戦後最初期の公共建築ではないかと思います。戦争で大きな被害を受けた横浜では、この建築をつくるべきかどうかで議論があったようです。住む家もままならない時に音楽堂を建てるのではなくて、住む家のない人のための住宅政策を優先するべきではないかという議論もあったと聞いています。ですが、人の心に寄り添うのが音楽であり、厳しい生活を送る人々の心を勇気づけるのが音楽堂の役割だとして、都市の復興の過程の中でこの音楽堂が完成しました。少し丘の上にあるので、物理的に都市空間と接続しているわけではありませんが、都市で暮らす人々の心を支えるような建築が期待されたのだと思い

ます。その意味で、やはりこの建築は都市的な建築なのだと思います。建築が果たすべき役割、建築が持っている力に期待される場面は往々にしてありますし、そうした時にこの前川の音楽堂を思い出します。

その後、多くの名作と言われる建築が日本各地に誕生します。丹下健三（一九一三－二〇〇五）の香川県庁舎（一九五八）、もう解体されてしまいましたが菊竹清訓（一九二八－二〇一一）の宮崎の都城市民会館（一九六六）、そして大分城の目の前にある磯崎新（一九三一－二〇二三）の県立大分図書館（一九六六、現在はアートプラザ）などです。東京ではオリンピックなどを経て都市が様変わりした一方で、すこし温度差のあった地方都市には継承された地域の文化に基づく豊かな暮らしがあり、そうしたものを体現する名建築が各地に誕生しています。これらの建築の中には、その建築を見るためにわざわざそのまちに行くというような、都市のアイコンとなったものさえありました。

一九六〇年代はいろいろなかたちで建築家が都市に介入をしています。丹下健三の東京計画1960（一九六一）では、東京湾に浮かぶ新しい都市軸を設定し、間接的にではありますが、京浜工業地帯や京葉工業地帯など、海に広がる都市圏という空間的なビジョンの下書きになったとも思えます。東京計画1960だけではなく、この頃には菊竹や磯崎も新しい都市ビジョンを提案しており、メタボリズムもそうですし、海外ではアーキグラムがウォーキングシティ（一九六四）を提案するなど、建築家による都市へのコミットが積極的に行われた時代です。日本の建築界だけではなくて、世界中で都市という新しいフィールドの可能性や課題に向き合い始めた時期であったと思います。

東京大学に日本で初めての都市工学科ができたのも一九六二年で、ちょうど同じ時期です。都市工学科は、建築の先生が半分、社会基盤（当時の土木）の先生が半分で、建築系の教員が計画分野、土木の教員が環境分野を担うかたちで新しくつくった学科です。国土開発や都市の再配置、既成市街地の課題から環境問題まで、多くの都市問題が山積し、建築は建物、土木はインフラ施設がメインでしたが、もっと総合的な都市という課題をそれぞれの知見を集めることで解決しようとしたのが、この都市工学科です。その後、同様の学科が日本中に誕生し、総合学問としての都市という分野が誕生したのもこの時期です。四大公害病の一つである水俣病は一九五三年、四日市ぜんそくは一九五九年であり、人間の活動が環境に及ぼす影響に自覚的になったのもこの頃です。今から約六〇年前ですから、まだまだ新しいもののような気がします。こうやって個別の領域を超えた都市を専門とする視点が生まれたわけですが、都市は都市の専門家に任せておけばよい、というわけではありません。都市は空間、移動、制度、文化、経済の総体であり、一人一人が都市に参加しているという当事者意識が不可欠だからです。

建築家の二面性

オレゴン大学の助教授であったスミスと四人の学生たちが金沢の都市調査に入ったのが一九六五年です。この都市調査は、その後デザインサーベイというかたちで展開していくことになりました。また、ほぼ同じタイミングに伊藤ていじ（一九二二－二〇一〇）と磯崎新たちの都市デザイン研究体が、『日本の都市空間』（一九六八）という本を出しています。この企画そのものはそれより五年ほど前のもので、まさに建築家が都市に対して積極的な提案を行っていた時期に、「日本の都市空間」という特集が『建築文化』（一九六三年一二月号）で組まれています。スミスらは、日本に来る前にこの特集号を目にして興味をひかれたということなので、ちょうど同時期に関心の矛先がシンクロしていたことになります。一九五〇年代の末から写真家の二川幸夫（一九三二－二〇一三）と伊藤ていじが日本各地の民家を撮影し解説を加えた成果である『日本の民家』（全一〇巻、一九五七－五九）が発刊されます。当時、伊藤は七年間の結核の闘病生活から復帰したばかりだったという逸話がありますが、こうした取り組みによって、立派な建築物だけではなくて、人々の生活と結びついた民家の美しさや文化性を発見したことが、大きな転換点となりました。

オレゴン大学の金沢のサーベイが、デザインサーベイのルーツの一つだといいましたが、これは金沢の町屋を調査して図面に起こしていくというものです。調査したものをテキストで残すのではなくて、図面というかたちで残していくことで、建築的なサーベイが行われる。今でこそ、このような図面に起こすサーベイは一般的に広がっていますが、金沢はその初期の頃に位置づけられます。

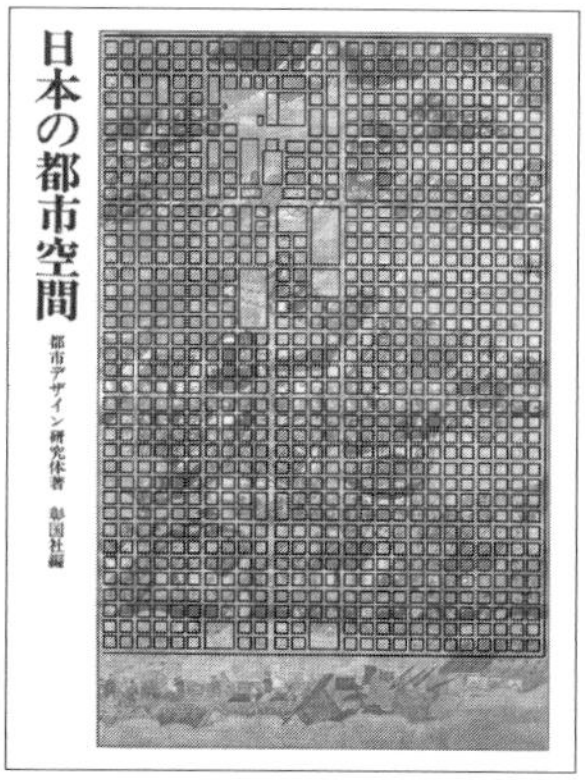

この後、デザインサーベイが非常に大きな広がりを見せています。建築家で住宅の名手である法政大学の宮脇檀（一九三六－一九九八）の研究室は、倉敷を皮切りに近代化の波が押し寄せる直前の日本全国の集落の調査を行っています。非常な緻密

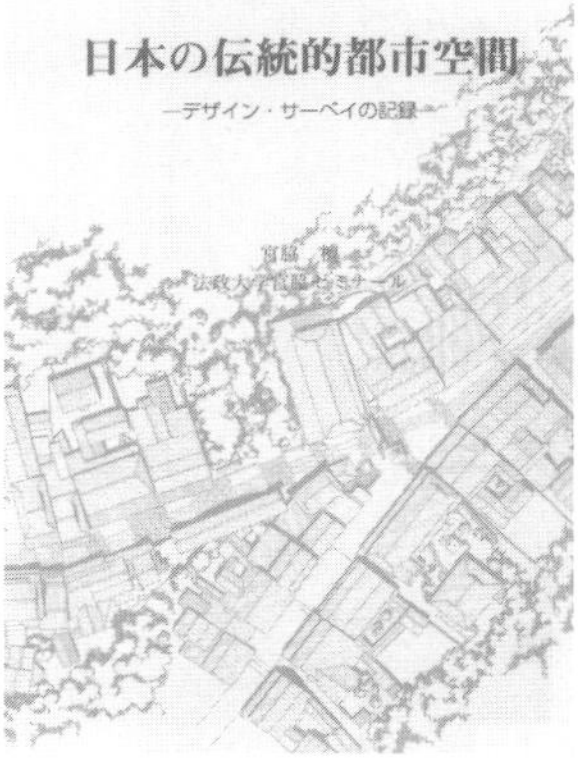

なドローイングを描いていて、各住戸の暮らしの様子までもがわかるような、詳細にいたる図面を作成しています。屋根伏図も、影まできちんと描かれていて、二次元の図面なのに立体的に見えてくるような図面で、もちろんすべて手描きです。昼間は調査して、夜は限られた照明の中で、図面に起こしていくというような作業を続けたそうです。田んぼの様子までリアルに表現されていて、図面として見るだけでも非常に美しいものです。私も、配置図を描くときなど、宮脇研究室が残した図面をよく参考にしました。この時期にこうしたデザインサーベイが行われたのは、こういう集落の空間が失われてきているという危機感が背景としてありました。失われつつある風景を、せめて図面として残しておこうというのが強い動機として存在していたわけです。ちょうどこの頃、まちなみを文化財として定める重要伝統的建造物群保存地区（=重伝建）と呼ばれる制度が始まりました。文化財保護法の中に位置づけられ、後世に残すべき遺産として指定するということを始めたのも、ちょうどこの頃です。こうし

て振り返ると、建築家はどちらの側にもコミットしていたわけです。つまり新しい建物をつくることで、これまでの風景を改変させる側にもコミットしていたし、失われてゆく風景をなんとか残そうとする側にもコミットしていました。建築家の二面性が顕在化していたともいえます。香川県庁舎のような都市のシンボルであったり、東京計画のような新しい都市像に建築家が積極的に関与していたことも事実であれば、そのカウンターとしてのまちなみの保存に関わっていたのも建築家であったのです。

「都市からの撤退」を乗り越えて

大阪万博が一九七〇年に開催された一方で、オイルショックが一九七三年に起こっています。この頃を境に、都市に対する楽観的なムードが消え去っていきます。丹下が活動の軸足を研究室から事務所へ、プロジェクトの敷地が国内から海外へと移行していったのもこの時期です。こうして、建築家が都市に直接的にコミットすることが次第に減ってきました。こうした状況は「都市からの撤退」と言われたりもします。磯崎新がこの言葉を生み出したと言われることもありますが、磯崎自身は自分が言い出したわけではなく、周囲の方が「都市からの撤退」と言い始めたと語っています。誰が最初に言い始めたかはともかくとして、これまで都市の問題に直接的に関わろうとしていた建築家たちが、直接的な関与を避け、内向きに創造力を発揮していったのがちょうどこの頃です。この頃を代表する建築にどのようなものがあるかを思い浮かべてみると、例えば原広司さんは都市の様相を、自分の住宅の中に持ち込むという「住居に都市を埋蔵する」として自邸である原邸（一九七四）を設計しています。安藤忠雄さんの初期の代表作である住吉の長屋（一九七六）も、外観はコンクリートの壁に、小さな入り口がひとつ付いているだけという都市との明確な姿勢を表明しています。伊東豊雄さんの中野本町の家（一九七六）も、U字形の平面形状で、外周側にはほぼ窓がなく、内部には光のグラデーションがあるという空間になっています。このように、一九六〇年代の特徴であった都市と建築の直接的な関係はこの時期に反転し、一九七〇年代になると都市は都市として、建築は建築としてという相互に独立したアプローチが増えてきます。これが「都市からの撤退」と呼ばれる状況です。それぞれの専門分化による先鋭化ではありましたが、この状況が無批判に継続されてしまったため、現在まで続く都市と建築の関係の希薄さを生んでしまったのだと思います。

しかし、こうした「都市からの撤退」を乗り越えようとする動き、つまり都市と建築の関係を取り戻そうという試みも継続的に取り組まれてきました。日本では、戦後に形成された都市や建築が抜本的な機能改善を必要としていたという背景もあり、特に二〇世紀後半から二一世紀にかけて都市再生の取り組みが行われてきました。例えば横浜港の新しいシンボルとなった大さん橋国際客船ターミナル（二〇〇二）は、私が大学院生の頃に完成した建築で、当時はこういう三次元の形態というのは非常に珍しく、短手方向に何枚も断面を切った図面があって、それをつなげるとこういう形になるというのが発表された時に、こういう空間づくりをするんだと驚いた覚えがあります。一九九七年には、原さんの京都駅が完成しています。京都の景観とは何か、駅の役割は何かという議論がありました。二〇〇八年には内藤さんの日向市駅ができています。このように、二〇世紀後半から二一世紀初頭にかけては、海と陸、電車とまちなど、交通の結節点に、代表的な建築物ができた時期でした。

また、安藤さんの地中美術館（二〇〇四）は、交通の便が良いとはいえない瀬戸内海の小さな離島につくられた建築です。今でこそ離島めぐりは、一般に知られるものになっていますが、当時はまだ、どうしてわざわざそんな不便なところに行くんだという考えがある中で、離島だからこその価値を体現するような建築ができました。SANAAの金沢二一世紀美術館

（二〇〇四）や、坂茂さんの富士山世界遺産センター（二〇一七）、隈研吾さんのまちの駅ゆすはら（二〇一〇）など、まちの中に目的地となるような建築物が生まれてくることで、そのまちに行ってみようとか、人々の移動の目的地になりうる建築も多くなりました。半世紀前には庁舎や図書館のような、行政機能として必要な公共建築が各地のアイコンとなったのに対して、二一世紀では文化施設が各地の目的地となりうる新しい建築のプロトタイプとして定着

京都駅

横浜の大さん橋は建築なのか広場なのか、という議論が無意味なくらいよく使われている

してきました。

「開かれた」という価値

建築の設計には、必ず「敷地」が存在しています。そもそも、建物の大きさを左右する建蔽率や容積率は、敷地の面積によって定められるものなので、敷地の境界線がなければ、何も決めることができません。つまり、建築の設計は、敷地の輪郭が固定されていることを前提にしています。しかし、この敷地という概念は、私たちの思考に非常に強く影響していま す。通常の設計図書では、敷地境界線を描き、図面はその線の内側のみを描きます。敷地境界線の外を変化させることはできないので、その内側のみを描くわけです。こうしたことが続くと、私たちは次第に、敷地境界線の中だけで建築を考えるようになってしまいます。しかし、そうした建築の内向性への反動として、「開く」という価値が現代の日本の建築では重視されてきています。ここに面白い研究があります。私の教え子の中川香怜さんの研究では、一九九〇年から二〇二一年までの建築デザインにおいて、「開く」という概念がどのよ

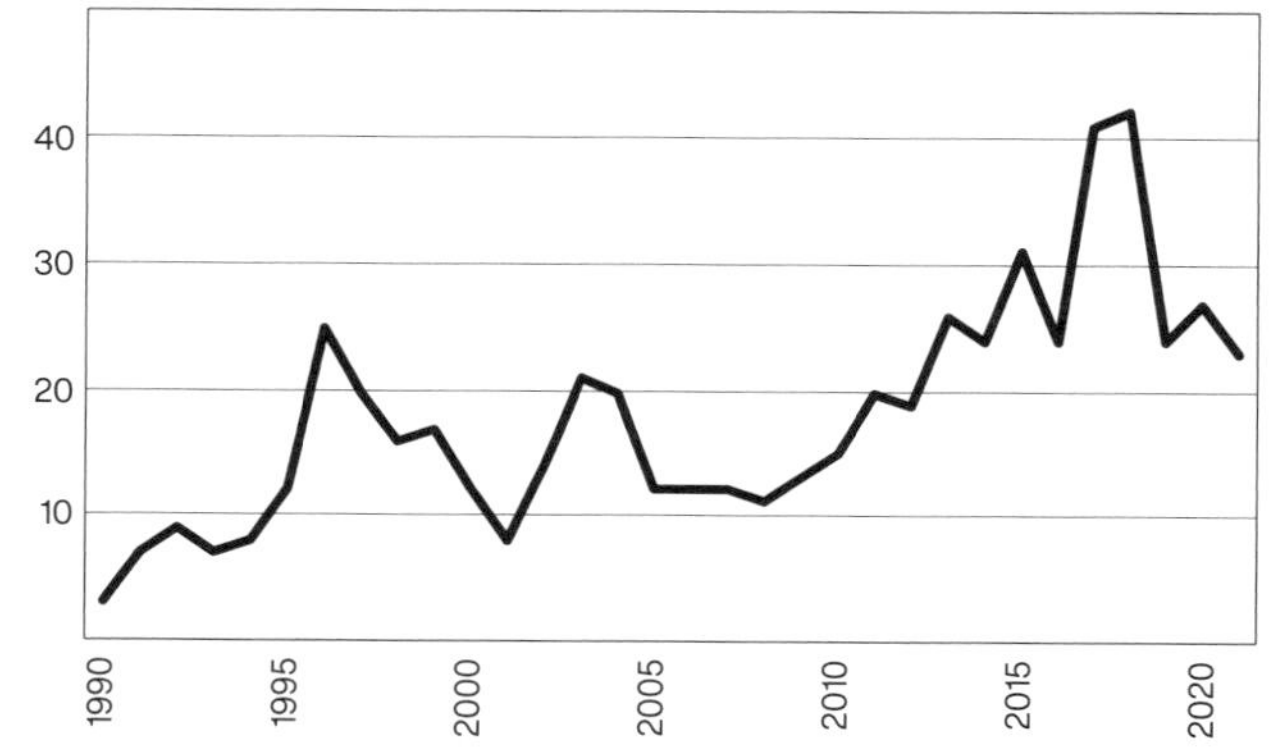

「開く」が説明に用いられた作品数の変遷

うに捉えられ、変質してきたかを明らかにしています。この研究では、「開く」という言葉が、建築雑誌の説明文の中でどれくらい使用されているかを調べたのですが、一九九四年までは年間でも一〇件未満と使用頻度は少なかったのですが、一九九六年に突如として年間二四件と急増します。その後、増えたり減ったりを繰り返しながらも、二〇一六年、二〇一七年には四〇件を超えるほどの増加を見せています。

　突如として高まった「開かれた」建築への渇望は、一体どのようにして起こったのでしょうか。特定の建物用途に限定されない傾向なので、建築界全体の傾向のようです。前年の一九九五年は、阪神・淡路大震災と地下鉄サリン事件が起こった年です。また、一九九六年の生涯学習審議会では「開かれた学校」というテーマが議論され、この方針に沿った学校が増えたことも一因かもしれません。いじめや登校拒否が社会問題化し、これらの問題を解決するために学校を開放したり複合化したりすることによって、学校を外に「開く」ことが重要であるとされました。また、実際の空間だけでなく、二〇〇〇年以降に活発になったワークショップによって設計プロセスそのものも「開かれて」いくことになります。その後も、二〇一四年に開始したAirbnbや「住み開き」という用語の登場も、二〇〇〇年以降の「開かれた」という価値の浸透に一役買っているようです。本来、公共建築は地域に開かれ、市民に使われるためにあります。そういう建築本来の役目があるにもかかわらず、あえて「開かれた」という価値が声高に主張されるのは、なんだか矛盾しているような気がします。その背景には、当然ながら、実際の建築が「開かれていなかった」ことが原因にあるに違いありません。久しく「箱モノ建築」と批判され、地域に開かれたものとは程遠い状態にあった建築のデザイン。特に、この研究で対象とした三一年間は一九九〇年のバブル崩壊に端を発した不況によって、公共建築の建設自体が疎まれた時代でもありました。この流れに抗い、建設後に利用される建築となることを目指して「開く」が用いられていたのです。この建築への不信の時代があったことは、私たちは忘れてはなりません。「開かれた」という言葉に託された人々の思いは、もう一度建築と人間との関係を再構築してほしい、という願望だったのだと思います。

なお、この研究では、一言に「開く」といってもいくつかの類型に分かれることがわかりました。特定の開くべき具体の対象があるわけではなく、建築の内部空間の開放性を高めようとする「反閉鎖性」、外部からの利用を積極的に促すような「公共性の実現」、建築内部の活動を外に表出していく試みとしての「コミュニティ形成」、内部と外部の境界をなくす「建築的流行」の四つのあり方に細分化できることが明らかになっています。対象とした期間は、情報技術が目まぐるしく変化し、それまでとは異なる関係性が生まれた時代でした。人は電子機器の中に籠るようになり、同じ興味を持つ者だけのコミュニティが生まれました。同時に、二度の大震災に見舞われた時代でもあり、この情勢を憂慮した建築家たちは空間の力によって、さまざまな境界を乗り越えようとしたのかもしれません。

囚人のジレンマ

広島県の鞆の浦は、瀬戸内海の中でも開けたところに突き出している風光明媚な港町です。満潮時には豊後水道や紀伊水道から流れ込む海流がぶつかり、干潮時には鞆の浦の沖で東西に海流が分かれるという場所で、瀬戸内海を横断するには鞆の浦で潮流が変わるのを待たなければならず、「潮待ち」の港として古くから知られています。半島の中央が山あいの地形なので、道路が海沿いにしか整備できず、橋がかかっていたりします。鞆の浦は古くからあるまちで、現在の道路も江戸時代からあります。当然のことながら、江戸時代は車がありませんので、道路の幅が狭く部分的に一車線になっていたり、直角に折れ曲がるクランクのような道もあるため、バスやトラックが通行できません。鞆の浦の美しい風景を目当てに観光客も多く訪れるのですが、バスは大きく迂回しなければいけなかったり、トラックが通れず物資が運びにくいという課題がありました。こうした背景の中、まちを通過する国道二七号線が途中でクランクして一車線になっており、自家用車の通行でさえ不便だということで、道路整備の話が出ました。そこで一九八三年に、以下のような案が提示されています。

鞆の浦の美しいまちなみ

- 市街地の主要道路拡幅整備
- まちの外にトンネルをつくって、市街地を通行しないようなバイパスをつくる
- 津波被害のための護岸を兼ねた沿岸埋立道路案

歴史的な市街地の主要道路拡幅整備は沿道の歴史的な建物を破壊するので、極力避けた方がよいというのが一般的な理解です。トンネルはコストが嵩むため、この時は護岸を兼ねた一部埋め立てをして道路を通すという沿岸埋立道路案に決定しました。とはいえ、港町が有していた入り江に橋が架かってしまうので、反

対運動が起こり二〇年もの間、凍結されたままになっていました。二〇〇四年に市長が交代してもう一度事業を進めるための再検討が行われ、この時も二〇年前と同じく、埋め立てて橋をかけるということで合意しました。

その後、大林宣彦（一九三八－二〇二〇）や宮崎駿らが、この地域の歴史的な景観を保全するべきだという運動を起こします。鞆の浦は、『崖の上のポニョ』の舞台としても有名です。イコモスが計画中止を勧告する中、二〇〇八年にいくつかの研究チームがヒアリングしたところ、歴史的な景観を保全すべきという人がいる一方で、地元住民の半数は、早く橋をつくってほしい、不便で生活もままならないということで、架橋を支持する人も少なからず存在していました。

この頃、司法の判断が下されます。二〇〇九年、一審の判決は「鞆の浦の景観というのは、国民全体の財産」であるとしました。つまり、鞆の浦の景観は、特定の利害関係者だけのものではなく、国民の財産である。地元の意向だけで決めるのではなく、国民全体の議論の中で判断すべきだという事です。二〇〇九年というのは民主党の政権交代があった年で、大臣や知事が交代し、大臣も知事も計画見直しの意向を表明しています。その後、二〇二〇年に山側のトンネル案が承認され、二〇二三年にトンネル完成というような経緯をたどっています。

景観の価値は、誰がどのように測ればよいのでしょうか。鞆の浦では、景観に生活の利便性以上の価値があるのかという議論が半世紀近くにわたって続けられてきました。交通の便が良い方が鞆の浦に来てもらえる一方で、港町の景観が失われてしまえば、このまちの価値が大きく損なわれてしまうのではないか。利便性と景観は、両立させることが一番良いけれども、トレードオフになってしまうこともあって、この問題をどう考えるか。住民が望んでいないことを実施すべきかどうか。これは一つの事例ですが、部分の話と全体の話を考える時には、この問題は避けて通れません。

ここで、重要な概念を紹介したいと思います。多主体のデザインを考えるときに重要なキーワードである「囚人のジレンマ」という問題です。ここに、共犯関係にあるAさんとBさんがいるとします。二人は逮捕され、相互に意思の疎通ができない状態にいます。二人が黙秘をしていれば、それぞれ懲役二年になるとしましょう。しかし、どちらかが自白をすると、自白をした人は懲役五年になり、黙秘を続けた人は懲役一〇年になるとします。合理的に考えれば、両者が黙秘をしていれば、双方にとって最適な結果が得られるのですが、自分は黙秘していたとしても相手が自白をしてしまうと大きな不利益を被る、という状況に置

		Bさん	
		自白	黙秘
Aさん	自白	ともに5年	Aは5年 Bは10年
	黙秘	Aは10年 Bは5年	ともに2年

こうした状況は、人間社会で時々起こりますよね

かれた場合、結果的に互いに相手を信用しきれずに自白をし、両者ともに懲役五年になる。つまり、全体としての最適な結果にならないというジレンマを説明するものです。これは、個人が各自で判断した結果が、必ずしも全体の望ましい結果にはならない、という人間社会で起こりうる問題を扱うものです。ただ、打開する方法も明示されていて、繰り返し行う、もしくは意思の疎通をすることで、このジレンマから抜け出すことが可能となります。この囚人のジレンマに似たようなことが、人が一緒に暮らす都市にも生じてしまうことがあります。しかし、都市は留置所ではありませんから囚人のジレンマから抜け出す方法があります。

例えば、建物が建て替わることによって試行の反復が可能となったり、それぞれの当事者間でコミュニケーションをとることも可能です。囚人のジレンマに陥らないような都市のあり方、もしくは都市と建築の関係をつくることを目指すべきです。例えば、自分のところだけ大きく目立つようにということばかり繰り返していると、まちの雰囲気は破壊され結果的に全体の利益は下がっていきます。こうした状況が今、日本各地で起こっています。難しい問題ではありますが、工夫次第で乗り越えられるはずです。足並みを揃えて都市のために行動できるかというと難しいのが本音だと思います。しかし、都市の場合は、信頼関係をつくることも可能ですし、長い時間の中での繰り返しも起こりますので、囚人のジレンマから脱することが可能です。互いに継続的な関係がつくれる場合においては、個人の合理性と全体の最適性が矛盾しない状況に移行できます。これからの都市に必要なのは、その関係をつくるための方法論なのです。

京都と奈良の違い

京都と奈良の違い

日本を代表する古都である京都と奈良ですが、以前から空間の質の違いが気になっていました。京都の寺院の中には、例えば、大徳寺のように塔頭を多く抱える寺院がありますが、こうした場所ではいくつもの門と塀が連続した景観を生み出しています。塀の内側の樹木の美しさが手前の人工物とあいまって、美しい景観をつくり出しています。そして、時折門を通して見える中の庭園の美しさに心を惹かれるのです。一方、奈良のお寺を見てみると、伽藍配置によって建物単位で全体を構成しています。この違いが、体験する空間の質を異なるものにしています。塀の中に建物と庭の美しい関係をつくり出すのか、建物同士の関係を生み出すかの違いです。これは、建築が都市に対して関係をつくっていく際にも重要で、建築が生み出す外部空間の豊かさは、建築と外部の関係次第ですし、建築の方でさまざまな立体的な工夫をすることも可能です。一方、邪魔なものを遮断して建物と庭との関係を生み出そうとすると、庭の外周を塀で囲む必要があります。建物と外部の関係のつくり方の違いが京都と奈良の空間の質の違いを生み出しているのです。

また、都市を構成する建築のあり方として、距離が離れて一つ一つの建物が独立してい

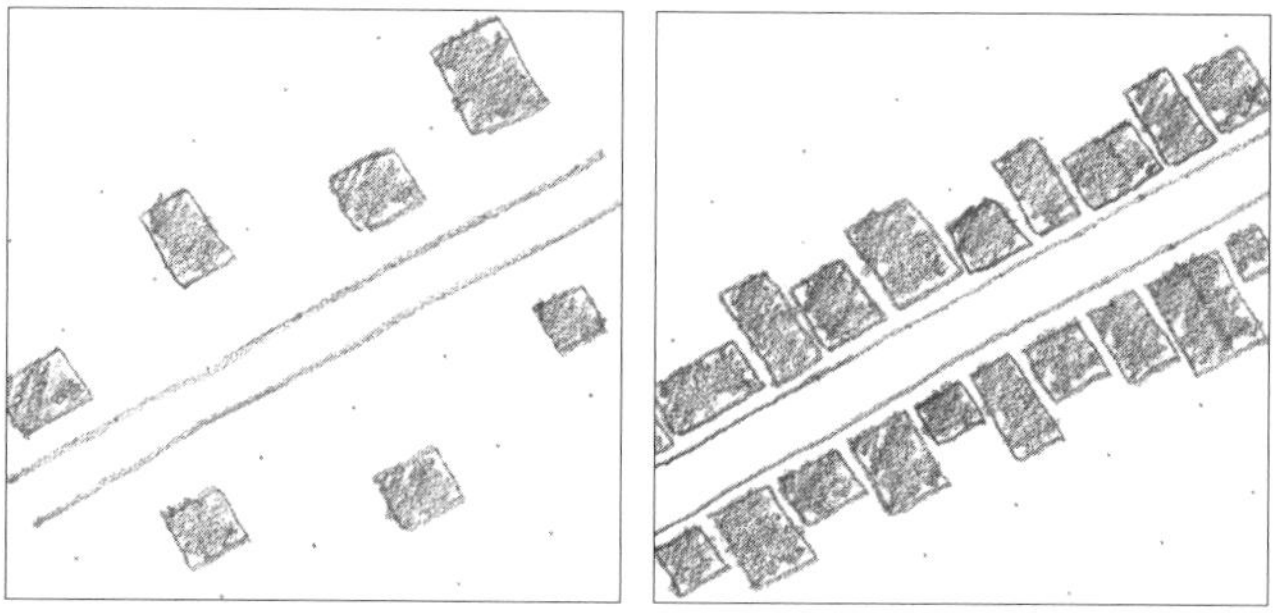

タウンハウス型とパビリオン型

るパビリオン型の配置と、建物同士が肩を寄せ合って街路をつくるタウンハウス型の配置があります。パビリオン型のものは、伽藍配置や分棟型の建築などです。一方、中世由来のヨーロッパのまちなみや、日本でも川越、長野県の妻籠、四国の内子など伝統的建造物保存地区にはタウンハウス型のまちなみが多くあります。パビリオン型でうまくいっているものは、ヒルサイドテラスのように設計者や事業主体が同一であることが多く、逆にコントロールがうまくいかないと、郊外のロードサイドショップのような景観になっていきます。タウンハウス型のものでうまくいっているものは、歴史的なまちなみが多く、材料や流通の制約が良いまちなみをつくっている要因です。現代では、建ぺい率の高い都心でもタウンハウス型の景観が生まれていますが、あまりうまくいっていないようです。何棟も連続する住宅群をつくる機会に恵まれている住宅メーカーは、連続した時にまちなみが生まれるデザインを本気で考えたら、面白いまちができるのにといつも思っています。

槇文彦さんが提唱した設計思想である群造形（グループフォーム）は、形が集合した時の全体の豊かさについて論じています。この中では、一つ一つが個性を持った建築物が全体をかたちづくるコンポジショナル・フォーム、幹から分かれていくような形のメガ・フォーム、粒のようなものが集合して全体をつくっていくグループ・フォームと、大きく三つの形態があると指摘しています。群としての造形を行うには、それまではコンポジショナル・フォームとメガ・フォームだったけれども、グループ・フォームというつくり方があるはずだとしています。これは重要な指摘ですが、一方で、この例はいずれも単一の主体がコントロールできる状況が前提です。事業者をはじめ全体をコントロールする主体が明確に存在していたり、一人の人間が全体をデザインすることができれば、群としてのまとまりをもち得るのですが、多くの主体が入り混じるような実際の都市で実現できるかという点では非常に難しいと思います。ただし、だから無理だというようなことではなく、全体と関係づけられるような部分のつくり方ができるかどうかが大切で、より複雑な課題に向き合おうとしているのが現状だと思います。

主体の数が少なければ、例えば、単一事業者による一体的な整備をするのであれば、まちなみはある程度揃えることが可能です。主体の数が多くなる場合、使える材料を限定するなどの制約＝負荷があれば、主体の数が多くなっても、ある程度まとまった全体をつくることができます。つまり、主体の数を減らすか、制約を強めるかによって、初めて統一感を持ったまちができていきます。一方で、主体の数が多く、制約が少ないと、当然のことながらばらばらのまちになっていきます。都市と建築の関係における最も根源的な矛盾は、他とは違う自分らしい建物をつくりたい事業者・施主は、一方で、美しいまちで暮らしたいとも思っているということです。憲法で個人の財産が保護されているので、自分の土地の中では私権は保護されています。しかし、美しいまちで暮らすには、何らかのかたちで制限される必要があり、現状では、美しい全体を生み出すには個々の制約が必須になります。自分らしい建物をつくりたいという気持ちと、美しいまちで暮らしたいという気持ちは矛盾し対立しています。しかし、それを対立したもののままにせず、それをどう乗り越えるかというところにアイデアを使うべきです。近代化以前のような制約によって整わざるを得なかったまちなみを今から新しく生み出すのは不可能です。現代において、地域で使用する材料を厳しく制限することも現実的ではありません。さらに、単一事業者による広大な面的整備を全ての場所で採用するわけにはいきません。そうであるならば、主体の数が多い中でも、できるだけ上手に合意をしつつ美しく豊かな都市空間をつくっていくことがこれから求められてきます。これまで見てきたように、その蓄積は多くありません。だからこそ、チャンスなのです。この方法論が確立してくれれば、多くの人がより良い社会に暮らすことができるようになります。建築家が持っている能力を使えば、きっとまだ確立されていない解決方法が見つかるはずです。私は、皆さんと一緒にそれを考えていきたいと思います。

都市の「ための」建築

本章では、都市と建築の関係の難しさ（＝面白さ）を紹介してきました。建築家の設計には必ず施主がいて、施主の実現したい価値を一緒につくっていくのが私たちの仕事です。しかし、当然のことながら、ただ施主のつくりたいものをやみくもに図面化しているわけではなく、完成したものが少しでもより良い空間になっていてほしいという願いを込めて設計しています。その際にその建築がどういう都市をつくっていくのか、というところまで視野に入れて考えるべきではないでしょうか。

都市の写真を見る時、そこに見えているもの、例えばビルであったり、家々が見えると思いますが、そのほとんどは建築物です。建築に携わる私たちの専門性が都市をかたちづくっているのです。都市と建築という専門性があった時、そこに境界線があると思うのは大きな間違いで、私たちの仕事の一つ一つが都市をつくっていくということを心に留めておいてください。

この本では、一つ一つの建築をつくり続ける私たちが、その積み重ねの先に、いかなる都市をつくりうるのか、いかなる方法で都市に対して貢献できるのかということを一緒に考えたいと思っています。

建築のデザインは、学問分野としては建築意匠と呼ばれます。プロポーションや構成などから語られることが多いですが、建築が生み出す外部環境のあり方を本格的に論じたのは比較的最近のことでした。建築設計のフォーマットもこの名残が残っています。先に述べたように通常、建築設計で作成する配置図は、敷地の中の配置しか描かず、敷地外の周辺状況を描くことはありません。つまり、相当に良心的な設計者でない限り、周辺環境の中での建築のあり方を設計図書として検討することはありません。同様に、立面図は正面からの見え方を描きはするものの、周辺の建物との関係の中でその建物がどのような見え方をするかを示すものではありません。しかし、繰り返しになりますが、現代は都市の時代です。かつてのヴィラのような自然風景の中にある建築を考える時代ではありません。建築が都市の一部であることは、もはや当然となりました。建築の良し悪しは都市に何ができるか、で評価されるべきです。つまり、「Architecture of the city」から「Architecture for the city」へと建築をアップデートする必要があります。「都市の建築」から「都市のための建築」へ、私たちは時代の転換点にあるのです。

第5章

都市と建築のオーバーラップ

にぎわいと空間

世界的な新型コロナウイルスの流行は私たちの生活を大きく変えました。世界中がこの未知のウイルスへの対し方を模索していた二〇二〇年には、ニュースを通じて都市が封鎖され、人の気配が全く消えた都市の姿を目にすることもありました。普段はにぎやかないつものまちから人が消え、通りの飲食店が軒並み店を閉じる様子を目の当たりにしました。この「にぎやかではない」都市の姿に衝撃を受けた人も少なくないのではと思います。これまで、各地のまちづくりでは「にぎわい」を計画の中心に据えてきました。「にぎわい」づくりを目標としたり、広場があれば「ふれあい」広場のような名前が付き、多目的スペースを「交流」スペースと呼んだり。人と人が交わる、人がたくさんやって来るということが各地のまちづくりや地域計画の目標になってきました。いわば、にぎわい一辺倒なまちづくりを目指してきたわけです。しかし、コロナウィルスが都市からにぎわいを追い出してみると、これまでにぎわいの背景でしかなかった都市の空間が目に入ります。にぎわいというヴェールがなくなった後の東京の都市の空間が本当に美しいのか、本当に豊かな空間を有しているかというと、決してそうとは思えませんでした。人が集まり、にぎやかであった頃はあまり気にならなかった都市の物理的な様相は、なんとも統制がとれておらず、美しさという言葉の意味すらわからないのでは、とさえ思えてしまう空間の中に私たちは暮らしていたということに気がつき、愕然としました。

裏を返せば、都市計画家や建築家が、きちんとそういう問題に向き合ってきたのだろうかという疑念が、この一～二年で露呈したとも言えます。このタイミングだからこそ、都市空間や建物を担う私たちは、アプローチの仕方を考え直さなくてはならないと感じました。まちのにぎわいは無限に増やすことはできません。日本国内であれば、国内の人口の総数は決まっているわけで、どこかのまちがにぎやかになれば、別のまちのにぎやかさは失われる。どこかに新しい施設ができれば、人はそちらに流れていく。いわば、にぎわいの終わりなき奪い合いが繰り返されるにすぎません。本当にそれでいいのでしょうか。私たちは、考え方を根本的に変える必要があるのではないでしょうか。そのヒントが空間という切り口だと思います。一つ一つの空間を丁寧につくっていけば、豊かな「空間」の総量は増やし続けることができるのです。にぎわいづくりを目指すのではなく、豊かな空間を増やすことを目標にすれば、人口がどうなったとしても、やってくる人の数が増えたり減ったりしても、そうした外的な状況に左右されない豊かな都市にすることができると思います。空間への想像力を持っているのは、三次元の事を考えながら図面を描いたり、模型をつくったり、まだ見ぬ立体をイメージするスキルを持った建築家です。豊かな空間をまちに増やし続けることで、私たち建築家は都市に対して、社会に対して直接コミットすることができます。建築から都市への取り組みを、一緒に積み重ねようではありませんか。

都市再生の移り変わり

都市計画家の大方潤一郎さんは、二一世紀文明の最大の課題は、持続可能な文明の様式とその器である都市空間の持続的な再生であるとしています。また、ケヴィン・リンチの『敷地計画の技法』やイギリスのニュータウン開発、日本住宅公団における技術の蓄積など、旧世代の設計手法は新開発・団地型で、既成市街地を再編する方法論が確立されてこなかったとも指摘しています。たしかに、毎回更地に戻してから再開発をするのでは都市の文化は継承されません。都市を使い捨てにしたり、まちと切り離された閉鎖的な空間に閉じこもるのではなく、漸進的な都市の再生が不可欠です。大きくなったり小さくなったりを繰り返した日本の都市は、いまや空洞だらけの構造になってしまいました。土地の区分所有や持ち家信仰の強い日本社会では、抜本的な都市政策は不可能なのかもしれません。だからこそ、建築による都市再生こそが有効なのです。

ダンディ大学教授のピーター・ロバーツによると、都市への介入の手法は歴史的に大きく変遷しており、一九五〇年代の復興（Reconstruction）、一九六〇年代の活性化（Revitalisation）、一九七〇年代の更新（Renewal）、一九八〇年代の再開発（Redevelopment）、一九九〇年代の再生（Regeneration）として分類することができるとしています。

ハイヒールは、下水道が整備されていなかった都市で汚物を避けるために履かれていたというエピソードを思い出す人もいるかもしれませんが、ヨーロッパでは、一八世紀から一九世紀にかけて上下水道や街路灯などの近代的インフラを導入することで、都市空間の改造が行われました。特に、広場や広幅員の街路を整備した、一八五〇年代のジョルジュ・オスマン（一八〇九

－一八九一）によるパリの大改造は、現代にもつながる都市的空間を抜本的な介入によってつくり出した例です。また、同じ頃、ウィーンのリングシュトラーセのように軍事上の意味を失った都市の城壁が撤去されたりと、都市の構造的な改変が行われたりもしています。その後、ヨーロッパは、二つの戦争を経験し、戦後の復興やニュータウンの建設などの都市計画手法、それに関係する建築計画が行われてきました。日本に比べて近代化が一足先に進んでいたヨーロッパでは、都市改造への着手も早かったのです。

江戸の空間を継承した東京では、都市空間の改変が近代化への第一歩でもありました。例えば、銀座大火（一八七二）からの復興の過程で銀座煉瓦街がつくられます。また、東京全体の計画としては、街路、鉄道、公園、火葬場など都市の基幹施設の配置を決めた東京市区改正計画（一八八九）がありました。これは、江戸時代の空間的骨格を継承した東京を全面的に近代化する試みでした。例えば、この中には、東北本線の終着駅であった上野駅と、東海道線の終着駅であった新橋駅を高架鉄道で結び、その中間に中央停車場を設けるという計画があり、この中央停車場は、その後東京駅（一九一四）として辰野金吾（一八五四－一九一九）によって設計されています。また、東京駅と浜松町の間の煉瓦アーチの高架橋も何度かの改修を経ながら今でも現存しています。ただし、市区改正全体で見ると、東京の財政難とそもそも大火などにより面的整備が可能となった際に実施するという制度であったため、当初の構想ほどには実現しませんでした。

その後、関東大震災（一九二三）により、都心が壊滅的な被害を受けると、震災復興計画が策定され、帝都復興土地区画整理が導入されたほか、震災復興橋梁として永代橋など隅田川にかかる九橋がつくられたり、学校と小公園を一体化した地区拠点として、銀座の泰明小学校などRCで不燃化された復興小学校がいくつもつくられました。さらに、都市的な居住のあり方を具現化した同潤会の集合住宅がつくられたのも、関東大震災以後になります。

一九四五年に終戦を迎えると、地方都市では名古屋や静岡など、大規模な区画整理事業が行われた例もありますが、東京では計画よりも先に、仮設的なバラックによる土地の占有が急速に進んでしまい、主要駅の駅前広場など限られた範囲での整備にとどまってしまいました。

一九六四年の東京オリンピックでは、ご存じのとおり、東海道新幹線が開通したほか、代々木公園や駒沢オリンピック公園などのオープンスペースとそれに伴う建築の整備が進むなど、運河や河川上の高速道路網が整備されています。

高速道路網の整備は、輸送体系の変化をもたらし、倉庫や工場の立地に変化が余儀なくされました。輸送システムが大きく変化する中、再開発地区計画制度（一九八八）が導入されたことも相まって、都心の鉄道ヤードの跡地や工場跡地などが新たな都市的プロジェクトの種地となっていきました。ビール工場の跡地を再開発した恵比寿ガーデンプレイス（一九九四）などもその一例です。こうした都心の再開発の流れの中で、より柔軟で機動的な面的開発を実現するべく、都市再生特別措置法（二〇〇二）に基づく、都市再生特別特区の運用が開始され、渋谷などをはじめ、都心の大規模プロジェクトが実施されます。

こうした東京都心の動きとは対照的に、地方中小都市では中心市街地の衰退が止まりませんでした。非関税障壁であるというアメリカからの圧力により、旧・大規模小売店舗法（大店法とも呼ばれる）が廃止され、まちづくり三法と呼ばれる大規模小売店舗立地法、中心市街地活性化法、改正都市計画法が一九九八年に定められました。しかし、ここでは特別用途地区を白地地区や都市計画区域外に指定できないため、地方都市における郊外型大規模ショッピングセンターの立地をコントロールすることができませんでした。その後、都市計画法の改正（二〇〇六）によって、床面積一万平方メートル以上の大規模集客施設は商業地域、近隣商業地域、準工業地域でなければ立地できないことになり、都市計画的にコントロールすることができるようになりましたが、こうした大規模ショッピングセンターの度重なる出店により、地方都市の中心市街地は、不可逆的なまでの影響を受けることになってしまいました。

この間に失われたものは、非常に大きく、この影響は今も残っています。

こうしてみると、都市再生の歴史は古くないことがわかります。日本の都市は、戦後復興からさまざまなインフラが一斉につくられたので、機能的にも役割的にもその更新が必要となっています。既存の状況を基とした漸進的もしくは抜本的な更新の体系が必要とされているのです。二〇〇〇年代以降、人口減少社会に突入し、コンパクトシティや都市再生特別措置法の改正による立地適正化計画の策定が行われることが多くなりました。交流人口や定住人口の目標化、タクティカルアーバニズム、ストリートマネジメントの潮流など、多くの試みがなされています。

都市とは社会の器です。日本はこの数十年で人口動態や社会構造の急激な変化を経験してきました。社会が変われば都市の姿も変わって当然です。ただ、社会の変化はたいていの場合ゆっくりと進んでいくので、変化を意識していないと気づかないことがあります。一方で、物理的な都市空間は、放っておいても勝手に変化していくということはありません。だからこそ、一定の期間ごとに意図的な変革が必要なのです。そうした意図的な都市空間の変革は、歴史的にも定期的に実行されてきました。大きな変革の時期を迎えている現代でも、各地で都市再生の取り組みが行われています。

「建築の外」が重要

これまで、ケヴィン・リンチの『都市のイメージ』や、クリストファー・アレグザンダーの『パタン・ランゲージ』などを紹介しましたが、当然ですが他にも重要な思想があります。例えばジェイン・ジェイコブズ（一九一六－二〇〇六）の『アメリカ大都市の生と死』（一九六一）は多くの人に影響を与えた書籍で、読んだことのある人も多いと思います。この本の重要な点は「都市の本質」について考察を深めている点です。都市にとって、人間が相互に過度に干渉せずに関係を築けることが土台であるとし、その関係が街路という公共的な場所を核として発達すると考えました。こうした街路の公共性を保つために必要なのは、そこに張りつく多様な商業経済活動と「ついでの」活動です。「ついでの」活動がどうして重要なのかというと、買い物や何かの用事で来た人がそこにいることで、人の目が生まれ、その人の目があることで街路の治安が保たれると述べています。そうした人の存在が、街路の安全性を保つだけでなくて、地域の商業活動を支えます。「鳥の目」から考える都市計画だけではなく、人の存在がまちをつくっていくという「虫の目」ならぬ「人の目」で都市を見ること、街路にいる人の存在が実は大切であり、それが都市の本質だというまったく新しい視点を提示した点が、ジェイコブズが歴史的に果たした大きな功績です。さらに、当時の都市開発への批判を行っていて、例えば用途規制、それは現在の日本で行われているような用途を制限するような用途地域にも通じるものだと思いますが、用途を制限することや開発のプロセスの中で土地利用を純粋化していくことは、結果的に「ついでの」活動をなくしてしまう。何かの活動の「ついでに」関係する活動が行われていたと思いますが、そうした「ついでの」活動の余地がなくなってしまう。「ついでの」活動がなくなった街路は魅力を失って、結果的には都市がつまらなくなってしまうと批判をしています。このジェイコブズの批判はいまだにきちんと乗り越えられてはいないのではないでしょうか。私たちは新しい開発プロジェクトの際など、こういう用途の純粋化や活動の先鋭化をついつい目指してしまうことが多いのではないでしょうか。デザインを行っていると、この場所はこういう使い方と知らず知らずのうちに決めつけてしまったり、こういうコンセプトの場所だと固定化してしまうこともあると思いますが、純粋化

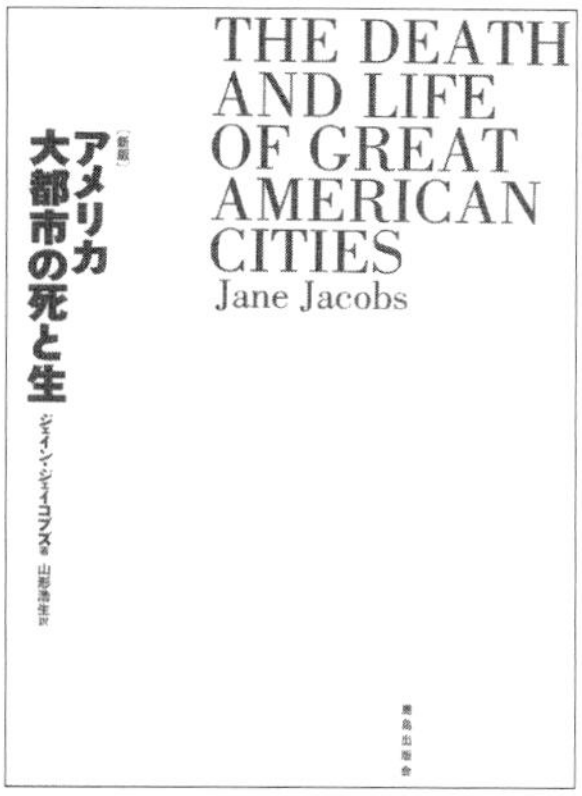

してしまうことで結果的に都市の魅力を損なってしまっているということを、もう六〇年も前に指摘しています。反対に、都市を多様化するためにどういうアプローチが必要かというと、用途を混在させる、街区を短くする、年代の異なる建物がある、それらをある程度の密度の中で集積させる、この四つの条件が不可欠で、どれか一つが欠けていても有効に機能しないと述べています。ちなみに、ジェイン・ジェイコブズは都市計画家というよりももともとはジャーナリストであって、逆にそういう視点だったからこそ、専門家としての都市計画家が見落としがちであった都市の本質を指摘できたという点が非常に考えさせられるところです。ジェイコブズのこの言説は、日本では建築家が都市に積極的に介入していた時期であり、同じ頃にアメリカではこうした議論があったということも興味深い点です。

ジェイン・ジェイコブズに影響を受けた人物の一人が、デンマークの建築家でもあり、コペンハーゲンの都市計画に深く関わったヤン・ゲールです。ヤン・ゲールの初期の代表作としては、『建物のあいだのアクティビティ』（一九七一）という本があって、彼自身は建築家ですが、建物の中の話ではなくて、むしろ建物と建物の間のアクティビティに注目しています。これが一九七一年なので、日本では大阪万博の頃です。屋外の活動と屋外の空間の質に密接な関係があるというのが彼の主張で、この後、彼はアクティビティ（＝屋外の活動）を細かく分析していくことになりますが、その先駆けとなった本です。屋外のアクティビティが重要だという着目は、ジェイコブズの指摘を正統的に継承しているとも言えます。この本の中でヤン・ゲールは、物的環境のデザインを通じて、公共空間を利用する人のすごし方や、活動の長さ、その活動の種類などに影響を与えることができるとしています。つまり、何もないところに活動が生まれるわけではなくて、ある物的な環境をデザインすることで、そうした活動の量や時間的な長さ、種類などをコントロールできるという考え方です。このあたりは建築家的なアプローチなのかもしれません。面白いのは、彼はその屋外の活動を三つの種類に分けているという点です。一つは必ずやらなければいけない必要活動、もう一つは任意活動、最後の一つは誰かとの関係の中で行われる社会活動。物的な環境が良くない低質な場所では、必要な活動は行われるけれども、任意の活動や社会活動はそれほど行われない。一方、非常に良質な環境においては、必要活動の量は変わらないけど、むしろ任意活動は増えていくと指摘しています。つまり、必要活動はどのような空間の質でも実行できるわけで、任意活動や社会活動が増える場所こそが、良質な空間であるということです。とても面白いですね。

ヤン・ゲールはさらに、活動という観点に基づきながら空間の分析を行っています。例えば、誘引と拒絶という分析では、塀や壁がなければ人間関係が誘引されますし、逆にそういうものを立てれば拒絶されます。距離の長い短い、動きが速いか遅いか、同じ高さにいるか複数の高さがあるのか、向かい合っているか背をむけるか、というような具合に、物理的な環境が、どのように人間の関係を調停するかに注目しました。

『人間の街』(二〇一〇)は、ヤン・ゲールのこれまでのキャリアの集大成に近い本です。多くの重要な指摘がありますが、その中の代表的な一つが歩行者景観に関する「一二の質的基準」で、歩きたくなるまちになるには、どういう条件が欠かせないかを述べています。保護・快適性・喜びという大きく三つのジャンルに分け、例えば快適性だと、歩くチャンスがあるか、佇むきっかけがあるか、座るきっかけがあるか、遊びと運動のきっかけがあるかなど、わかりやすい指標を挙げていたり、喜びに関しても、スケールや良好な気候を楽しむチャンスがあるか、良好な感覚が得られるかなど、本の中ではもう少し細かく述べられていますが一二個の指標を提示しながら論じています。図版も多

く、非常に読みやすい本なので、ぜひ手にとって読んでみてください。

オープンスペースの再生

ウィリアム・H・ホワイト（一九一七－一九九九）は、一九六〇年代後半からニューヨーク市の都市計画に参加したことがきっかけで、ニューヨーク市の公共空間での人々の活動を記録した社会学者です。この記録を通じて、公共空間のあり方についての提言をまとめたのが『都市という劇場』（一九八八）です。こうした動きがきっかけになって、ブライアントパークという荒廃していたニューヨーク市の公園において、丁寧な観察・分析を踏まえて新しい再生指針を提案しました。実際に現地を訪れましたが、コロナの期間中にもかかわらず非常によく使われているオープンスペースでした。従来は高い生け垣や鉄格子に覆われ、周辺の歩道と高低差があるところでは麻薬の売人の巣窟にもなっていたり、そもそも座る場所がなかったり、という状況だったそうです。こうした課題に対して、公園の視界を遮っていた生け垣をなくし、キオスク・レストラン・小さなカフェを設置し、季節や時間に応じてイベントな

日本の公園では想像ができないほどによく使われているブライアントパーク

どを開催、固定のベンチではなくて移動式のイスを置いていく、というアクションを行いました。

こうした取り組みが成功を収めたので、日本でもPark-PFIをはじめ、公園を有効に活用するための制度改革につながっていて、都内は東池袋公園など都市のオープンスペースとしての公園の改善が行われるようになりました。

ちなみに、移動式のイスの設置は、東大のキャンパス内でも試みていて、例えば総合図書館の前に白い椅子と机を置いたのですが、かなりの頻度でよく使われています。もともとあった固定式のベンチだけでなくて、移動式のイスを置くと場所の印象が変わるという体験は私自身にとっても驚きでした。

ホワイトはこうした取り組みを、非営利団体「Project for Public Spaces（PPS）」という団体として実装しています。ここでは、公共空間を日常的に利用する地域の住民と一緒につくっていくという目標を掲げ、「Project for Public Space」の理念が「プレイスメイキング」という言葉でまとめられています。「プレイスメイキング」は、近年日本でもよく聞くようになりましたが、彼らは素晴らしい場所には四つの要素があるとしています。まずは「アクセスと接続性」、そのエリアの中で他の重要な場所にアクセスがしやすいということです。「快適性とイメージ」は、快適であり、良いイメージを有しているということです。「利用とアクティビティ」はその場所でのアクティビティに従事する人々をひきつけている状態。「社会性」は人々が何度も行きたいと思うような社会環境を有していること。このような指標がより細分化されています。

さらにこれだけではなく、PLACE GAMEというPPSが開発したプレイスメイキングを始める時にその場所を評価する方法まで用意されています。この場所が良いのか、どういうふうにしていったらいいのか、というワークショップの方法論をまとめているのがこのPLACE GAMEです。行政・専門家・地域住民が参加してチェックシートを用いてまち歩きをした後、その参加者でその場所のポテンシャルや課題について議論するためのワークショップが準備されています。こういうフォーマットを整備して、単に自分たちだけで実施するのではなくて、プレイスメイキングという理念を広げたり、いろいろな人に活用してもらうための準備をしているのが、非常に特徴的です。こうしたオープンスペースの活用は、その後、タイムズスクエアの一時的な広場化の試みなどにもつながっています。

もう一つ紹介しておきたい重要なものに「ニューアーバニズム」という思想があります。これは、もともとはフロリダの住宅地開発の際に、人間を尊重した住宅づくりを行うプロジェクトがあり、そこでの理念をまとめたものがニューアーバニズムです。どういう内容かというと、自動車社会の急激な進展がもたらしたさまざまな都市問題、例えば郊外に広がっていくことで既成市街地が空洞化してしまったり、交通渋滞してしまったりというような課題を解決するために、多様性・コミュニティ・ヒューマンスケールなど、いま皆さんがよく聞く言葉だと思いますが、そういうものを再評価しようというまちづくりの概念がニューアーバニズムです。「ニューアーバニズム憲章」に詳細がまとめられていますが、大きく三つに分けられます。一つはコンパクトネス、つまりまちの親密性を感じさせるような密度づくりや、スケールを大きくせず、ある程度の大きさで分節し小型化していくというもの。もう一つはウォーカビリティ、これは国土交通省の事業にもなっているので、いろいろなところでよく聞く言葉だと思いますが、歩きたくなる規模、歩きたくなるまちづくり、まちなかの居場所をつくっていくというものです。あとはダイバーシティで、計画をする中でどうしても純粋化されてしまう、シンプルになってしまうことに対して多様性を尊重し、用途や建築様式、所得などが多様な方がより人間らしいまちに近づいていくという意味です。この三つのコンセプトが、ニューアーバニズムの根幹ですが、コミュニティを大事にしましょうとか、ヒューマンスケールのまちにしましょうというのは、今でも継承されている価値観であり、その源流がこのニューアーバニズムにあるというのは、ぜひ覚えていてほしい事柄です。

歩きながら考える

こうした知識を伝えた後で、実際の講義の中では、学生たちに「気になる都市と建築のあいだ」をテーマとしたフィールドワークを課しました。習った知識を踏まえて、実際に私たちの身の回りの都市空間がどのようにつくられているかを確認するためです。ちなみに、出題前に私もまちを歩いて「気になる」ものを採取してきました。自分でまちを歩き始めた時は、まだ明確なテーマが決まっていたわけではなく、歩いて写真に撮ることを繰り返しました。そうして集まった写真を並べ、見渡していると次第に自分の関心の居所がわかってきました。そうやって見つけたものが、「空間の重なり」です。最初からテーマが思い浮かんでいたわけではなく、こうした自分のフィールドワークを通して、言い方を変えれば、まちという触媒を通して自分の中の関心に気づき、明確にすることができました。以下は、本書のテーマが明確になる前、私自身の「気になる都市と建築のあいだ」です。

- リズムよく反復されるエレメント
- 外部空間を活用するための工夫
- 意図的につくり出された特異点
- 軒下などの建築エレメントによる中間的領域
- 奥行と断面変化が生み出す建築的街路

フィールドワークを通して、「気になる都市と建築のあいだ」を見つける時のポイントは以下の五項目のようにまとめられるのではないかと思いました。

住居以外の社会的な活動がある

住居以外の社会的な活動があることが大事で、住宅地に行くとなかなか見つからないと思います。物販や飲食など、まちとの関係を生み出すインセンティブが内側にあることが重要です。お客さんを呼び込みたい場合、外部との関わりを持たざるをえないので、先ほどのヤン・ゲールの話とも関係しますが、住居以外の社会的な活動がある地域では比較的見つけやすくなると思います。

低層のまち

高層ビルばかりだと空間的な仕掛けを生み出しにくい気がします。個人的には三階くらいまでが限界なのではと思っています。ある程度低層のまちであることが大事で、高層ビルのまちだと、その建物を支えるための構造、力学的な構造もあれば設備的な仕掛けもありますが、そうしたものが割としっかりしてきますので、空間的な仕掛けがなかなか生み出しにくいのかなと感じます。

Meal

フィールドワークの際に撮影した写真

雪国

もちろん季節によるでしょうが、雪国を歩いていると、一階レベルが閉じていることが多いなと感じました。一方で、雁木のような工夫もあり、もしかしたら、雪国はかえって多いのかもしれません。いずれにしても、雪は歩行空間に工夫を必要とする要素なので、雪国での空間の重なりのつくり方については、より深い調査と研究が必要だと思います。

城下町

城下町は少ないのかなとも思いました。城下町の骨格が残っているまちと言った方がよいと思いますが、道の構造がはっきりしすぎていたり、塀に囲まれていたりするのが原因かもしれません。

あまりない

最後は確信をもって言えますが、あまりないということです。なぜかといえば、その理由は簡単で、求められてもないし必要だとも思われてないからです。なかなか見つからないという前提で探してもらった方が、ショックを受けなくていいかなと思います。

何かに行き詰まった時、まちを歩いてみることをお勧めします。問題意識を持ちながら物事を見ていると、漫然と歩いているいつものまちでも、これまでと違った見え方に気がつきます。専門誌やインターネットに載っているものが全てではありません。身の回りの物からも、解像度を高くすれば、多くのヒントに気がつきます。自分の「気になる」に向かい合って言語化してみることも大切です。まちは気づきであふれています。

さて、本書でお伝えしてきたことを一通り講義で話した後、学生たちがフィールドワークを行いました。大学院生ともなると、論理構成もしっかりとしていて、聞き応えのある事例紹介が多くありました。学生たちとの議論の中で、気がついた点をいくつかご紹介しておきます。

まずは、面白い外部空間をつくるのは建築物だけではないという点です。建物ばかりではなく、例えば、高架などの土木構造物も当然のことながら外部空間を生み出すことができます。他にも鳥居や樹木も同様の効果を果たすことがあります。確かに、神社の境内などでは、建築物以外にも鳥居、舗装の切り替え、狛犬、灯籠など多くのエレメントを組み合わせていくつもの領域を重ね合わせながら展開されています。建築物以外がつくる空間の可能性はまだ研究のしがいがありそうです。

学生たちが見つけた「都市と建築のあいだ」には、頭上の低い高さに何かがあるケースが多く見られました。例えば、のれんなどはその最たる例です。のれんは、薄い布一枚ですが、それをくぐるという身体運動によって、領域の切り替えが行われるというユニークな空間的装置だと思います。また、段差に着目した事例報告も多くありました。その他にも、ささやかな工夫でも、「都市と建築のあいだ」が生まれていることが観察されました。まだまだ応用の可能性はありそうです。

空間の重なりによる都市の再生

ここからは、空間の重なりによって都市と建築の空間的関係性を再構築している事例をいくつか具体的に紹介していきたいと思います。まずは、スイスのルツェルンにある、ジャン・ヌーヴェルの設計したルツェルン・カルチャー・コングレスセンター（KKL）（一九九八）という建物です。大きなキャノピーがルツェルン湖の前に突き出しているという、非常にユニークな建築物で、鉄道駅にも隣接していて旧市街にも近く、ガラコンサートが有名な音楽のまちということもあり、建物の中にはコンサートホールや多目的ホール、美術館、レストランなど、いろいろな機能があります。駅の目の前に配置されているということと、下町に連続しているということ、湖側に壁がないので水の面と空の面がきれいに切り取られた非常に気持ちの良いオープンスペースとなっていて、プログラム的にも都市機能を強化するような建築です。

この大きなキャノピーですが、内部の構造のピッチは五四〇〇ミリメートルで、それが六スパンあるので三〇メートルになります。対角線で言うと四五メートル張り出していることになります。途中に内樋を設けて、ここで雨水を処理し、先端も、氷柱防止のために温めることができるよう工夫されています。

軒先の納まりがきれいで、空を切り取っているように見えるキャノピー

まちを歩くと、人々が軒下の空間を上手に使っていることに気がつき

キャノピーの先には湖とその奥のまちなみも見える

ます。湖は水面が穏やかなので、静かな湖畔の周りに人が集まって滞在するというような空間の使われ方の文化があるようで、こういう場所にある軒下空間はよく使われます。つまり、既存の空間の読み替えが、新しいパブリックスペースのヒントになっています。こういう敷地の特性の読み替えや、新しい技術の採用、さらにレストランや美術館やコンサートホールなどの新しいプログラムの追加など、これからのパブリックスペースを考えるヒントが詰まっています。キャノピーによって都市を変容させるさまを見ると、空間の操作で都市がこんなにも変わりうることを示す良い事例だと思います。

ルツェルンの人々は、屋外の空間を上手に使う文化を有しているよう

通りを起点にした面的再生

次に国内の事例を紹介していきたいと思います。まずは東京・丸の内での取り組みからです。もともと一八九〇年に三菱に払い下げが行われたのが、このエリアの発展のきっかけです。合わせて一〇万坪を一二八万円で買い取っています。関東大震災の際に被災した東大の図書館の復興のため、ジョン・ロックフェラー二世による四〇〇万円の寄付によって一九二八年に完成したのが現在の本郷の総合図書館（二〇二〇年に改修）ですが、三〇年の時代の違いはありますけれど、非常に高額であることがわかります。一八九四年の三菱一号館を皮切りに、この付近に赤煉

瓦の建物がたくさんできたので、一丁倫敦《ロンドン》と呼ばれました。一九六〇年代に、この一号館が取り壊されて丸の内の開発が一巡し、たくさんの大型オフィスが建設されました。一九八七年に国土庁が予測を出しているのですが、一九八五年時点で東京都心の五区にあるオフィスは二八〇〇ヘクタールほどの床面積でしたが、二〇〇〇年には四〇〇〇ヘクタールほどが必要だとしています。それを換算すると、年間八〇ヘクタールもの面積が必要ということになり、およそ超高層ビル五棟分です。つまり、毎年超高層ビル五棟が必要だということになります。今では信じがたいですが、この時はバブルの直前ですので、これからどんどん必要になると予想したんですね。土地の値段が高騰し、買った人はまた次の人に売るとそれだけで利益が出るわけですから、土地の転売が繰り返されるという時代です。そういう時代であれば、どんどんと開発を行うわけですから地域の歴史性など尊重しにくいですよね。私はまだ小さかったので、直接体験したわけではないですが、このバブルの頃に多くのものが失われてしまったと思います。建築のデザインでいうと、ちょうどこの頃にポストモダンが流行しました。バブルの反省とも相まって、ポストモダンそのものが評価されていませんが、近代建築の中にいろいろな歴史性を持ち込もうとしたという点では、面白い挑戦であったとは思います。

さて、その後一九八八年に、大手町・丸の内・有楽町で再開発計画推進協議会（現・大手町・丸の内・有楽町地区まちづくり協議会）が発足します。それが懇談会になっていくのですが、東京都、千代田区、JR東日本、三菱などの関係者が集まって、単一企業のまちづくりではなくて、行政と事業者、交通事業者も入れて、フラットに議論する場をつくったことが非常に有効でした。大手町・丸の内・有楽町をまとめて、「大丸有」と言いますが、この大丸有のエリアはその後、自分たちでガイドラインを策定していて、ガイドライン自体には法的な拘束力はないのですが、それぞれの関係者が議論に参加していたこともあり、千代田区がこれを地区計画として、つまり法的なものとして整理していくことで、上位の都市計画に組み込まれたという、非常に丁寧なプロセスをとっています。現在、もう少し増えていると思いますが、大丸有一一〇ヘクタールのあたりに、ビルが一〇〇棟、事業所が五〇〇〇、就業者が二五万人ということで、もう立派な都市と呼べるスケールの活動が行われています。

起点となっているのが、大丸有をつなぐメインのストリートである丸の内仲通りです。二〇〇二年の丸ビルの整備と合わせて、この仲通りも整備されています。もともと車道が九メートルあったものを七メートルに狭くする代わりに、両側の歩道を六メートルから七メートルにしています。総幅員は変わらず二一メートルのまま車道を二メートル減らし、両側を一メートルずつ増やしています。ユリノキの並木は美しい緑蔭をつくり出します。

もともと絶対高さ制限に基づく一〇〇尺規制があり、一〇〇尺＝三一メートルまでの高さの建物しか建てることができませんでした。その後、絶対高さ制限が廃止され容積率制限が導入されたことなどに伴い、状況が変わります。この地域で一〇〇尺を最初に突破したのが、前川國男の設計した東京海上ビル（一九七四）でした。今でこそ、周りにはもっと高い建物がたくさんありますが、当時は皇居を見下ろすのはまかりならんということで、多くの議論を呼んだ建物です。今も丸の内では、この一〇〇尺のラインを尊重するデザインをしていますので、ある程度まちなみとしても整ったものになっています。今はなくなったけれども、かつて存在していた制限が現在のまちなみのベースになっていることがわかります。

丸の内仲通りの様子

仲通りは、車道も交通量がほとんどないので、非常にのびやかな通りになっています。昔は路面店もそんなにありませんでした。もともとオフィス街ですので、そこで働く人のためのいろいろなテナントが入っていましたが、二一世紀に入ってから来街者を意識した物販や飲食店も入ってきています。さらには仲通りの整備だけではなくて、ミレナリオやオープンカフェなど、イベントができるオープンスペースを通り沿いにつくるなど、ハード整備とイベントなどの運用面とを組み合わせていくことで、有楽町もしくは大手町とつながっていくという地域の回遊性を獲得しています。

これは、空間の重なりとして、とてもわかりやすい事例だと思います。仲通りを起点としつつ、周辺の建物の低層部を重点的に更新しています。特に丸ビルなどは仲通り側に大きなホールを配置していることもその一例だといえるでしょう。さらには、周辺の建物の一階レベルを飲食や物販など不特定の人が利用できる業態とすることも、仲通りの空間づくりに寄与しています。

点から面へ

長野県の小布施は、一九六〇年頃に人口が一万人を下回ったのですが、五〇年代後半ということは、戦後すぐに人口がどんどん減っていったことを意味しています。もともとは在郷町といって、地域の農産物などが集積する中心的な都市だったのですが、人口減少が進む中で、いくつか対策をうっています。葛飾北斎が一時期、小布施に滞在して絵を描いていた時期があるということにちなんで、一九七六年に北斎館がオープンしました。北斎館の設計に携わった宮本忠長（一九二七－二〇一六）は、その後北斎館だけではなく、地域全体のデザインに関わっています。北斎館の完成後、まちは総合計画を立て、高井鴻山記念館という地域の名主の記念館をつくりました。さらに、組合をつくり、個人宅と信用金庫と栗菓子店と洋裁店と高井鴻山記念館の五者で用地交換を行っています。もともと手前に個人宅がありましたが、その方にとってはメインの道路に面しているよりも少し奥の場所が良かったり、むしろ信用金庫は手前が良かったりというそれぞれの事情を汲むかたちで、事業組合による用地交換を行っています。用地交換を行いながら、それぞれの建物を新しくつくっていきました。

高井鴻山記念館では、古い建物を残しつつ、新しい道が整備されています。栗菓子店も、

建物だけでなくちょっとしたファニチャーも重要

軒と枝の関係が絶妙な街路空間

奥に行ってみたくなる街路空間

歴史的建造物に見えますが新しく建てたもので、栗菓子店と隣にある酒蔵のオーナーが同じ方なので、統一感を生み出しやすいという事情もありました。建物の間にある歩道も、栗の木がたくさんあるので、この栗の木の角材を舗装などに使った「栗の小径」をつくったり、歴史的なまちのように見えますが、意図的にデザインされています。

地域の個人宅では、サインがあるところは自由にお入りくださいというように、自分の庭を一般の人に開放することでまち全体の回遊性を上げようという取り組みを行っています。彼らは、オープンガーデンなど海外の取り組みを熱心に勉強しています。「内側は個人のもの、外側はみんなのもの」という理念を掲げ、建物の中の自分の生活は尊重しつつ、外側の外部空間＝まちなみは自分だけのものではなくて、みんなのためのものだとしています。先ほどのオープンガーデンもその一例です。エリアの中には食事処があったり、原研哉さんがグラフィックデザインを手がけた酒蔵があったり、自分たちでアイデアを出しながらつくり込んできた達成点は評価に値すると思います。ちなみに、古谷誠章さんが設計した小布施町立図書館（二〇〇九）ができたりと、少しずつ面的広がりが生まれてきています。

このように、一本の通りというよりも、街区という面的な広がりの中で空間の重なりが展開しています。表通りと裏の路地とは、街路のつくり方もそこに接する建築のあり方も異なりますが、こうした面的な広がりを有すると道や建築の多様性が生まれ、奥行きのある体験となるようです。

まちが建築を変える

次は、建築物単体というよりも、建築のあり方を変えてしまうような河川空間について紹介します。静岡の三島に源兵衛川という川があります。一九八三年に市民の人々が、昔の源兵衛川の姿を取り戻したいというので、「三島ゆうすい会」という市民団体をつくり、その後、農業水利施設高度利用事業という国の事業に認定されています。普通こうした事業は行政が一方的に行ってしまいますが、行政と市民と地元の企業とで一緒にやっていこうと事業化する前から準備をし、実際に事業決定された後、九年かけて整備が行われています。この整備の期間中にも、グラウンドワーク三島という組織が立ち上がっています。グラウンドワークというのは、イギリス発祥の概念で、行政・市民・企業がそれぞれ協働しながら、地域の関係を持続的に再生・維持するという活動です。こうした活動をベースに、一九九九年に整備が終わった後もＮＰＯ法人が立ち上がり、現在も活動されているようなので、たいへん息の長い市民活動だと思います。さらにこの川には三島梅花藻《ミシマバイカモ》という固有種の藻がいて、こうした生物も大切に育てていこうという活動をされています。

　源兵衛川はまちなかを流れていますが、上流にある「時の鐘」は川に少しせり出していたり、カフェも川側に窓をつくってきちんと川との関係をつくり出しています。川を下っていくと、電車の線路の下をくぐり抜ける場所があったり、小さな堰があったり、目を引く植栽のポットが埋め込まれていたり、歩いて行ける小道が整備されていたりと、小さなデザインが小気味よく散りばめられています。もう少し先には、ちょっと鬱蒼とした林のようなところもあって、気温も少しひんやりする感じで、川沿いの空間を歩くことの楽しさにあふれています。

民家の前に小さな橋がかかっているのですが、私がとても感動したのは、川側に花を飾っていて、人の暮らしや建物がこの川の空間にコミットしている様子でした。いくつか要因が

河川空間を歩いていると、建築が迎えてくれる

建物の中にいる人と、川を歩いている人の関係がさりげなくデザインされている

家と川の境目がもはやわからなくなり始めている

あると思いますが、大きくない川ですから堤防などもそんなに大がかりにならないというハード的な要因もあるでしょうし、いろいろな市民活動がずっと続けられてくる中で、市民の意識も川の空間に向いているということもあるでしょう。もちろんハード整備があってこそ、すぐれた河川空間が生まれ、それが建築に波及しているのですが、市民の気持ちが川に向いているということが重要です。派手さはないですし、目を引くようなデザインの建築物があるというわけではありませんが、やはり都市と建築の関係を考える上では参考になることの多い事例だと思います。

ちなみに、彼らには「水の都 三島」という大きなコンセプトがあります。

（1）場に発生するさまざまな問題を掘り起こし、特性を読み取りながら、川と人の新たな関わりをかたちとして提示する。
（2）つくることだけを前提とせず、保全・復元・改修・創造など、場に即した柔軟な対応を図る。
（3）地域の景観をかたちづくる素材として、屋敷の石積みや敷石、護岸に古くから用いられてきた溶岩に着目し、多様な使い方をすることで汎用性をもたせる。

全体計画としては、水源から調整池にいたるまでを細かくゾーンに分けていて、ゾーンごとに空間を設計しています。溶岩は手触り感が面白くて、優しさを感じさせるような素材です。三島は富士山とも近く元来この地域で使われていた素材だと思いますが、この地域の空気感に合った素材で、上手に使われていると思います。こうしたデザインも、非常にうまくいっている理由の一つなのかなと思います。

こうなると、空間の重なりが必ずしも街路だけで見られる現象ではなく、河川空間と建築空間の間でも起こりうるものであるということがわかります。周辺の自然環境が生み出す空間との重なり合いは、今後大きなテーマとなることでしょう。

三〇年越しの空間

宮崎県の日向市では、連続立体交差事業がきっかけとなったプロジェクトが実現しました。連続立体交差事業とは何かというと、通常電車は地面の上を走っているので、まちが線路の両側で分断されてしまいます。これでは、小さな規模の都市では、密度を保った市街地の形成が困難ということで、まちの分断や踏切による交通渋滞といった諸問題を鉄道を高架化することで、つまりまちと鉄道を立体的に交差させることで改善していくというのがこの連続立体交差事業です。一般的には、地方自治体が事業主体になりますが、駅などの鉄道施設が関わる場合（鉄道の高架化によって当然駅も高架にする必要がある）、鉄道事業者、ここでいうとＪＲ九州が費用負担をすることになります。したがって、こうした連続立体交差事業の場合は、事業主体が複数存在します。事業主体が一つだと、その会社の社長がＯＫといえば良いのですが、事業主体が複数存在すると、途端に意思決定が複雑になります。例えば、範囲を明確に区切って、それぞれの担当範囲をそれぞれの事業者が実施する、という方法もあるかもしれませんが、そうすると統一感のないバラバラなまちになってしまいます。まちとして統一していくためには、それぞれの事業主体が参加する会議体が必要となります。協議会をつくることで、そもそもどういうまちにするべきかという横断的な議論が行われるというような枠組みです。実際には、日向市駅を中心に一・七キロメートルの範囲が高架化され、事業主体としては、宮崎県・日向市・JR九州が参加しています。篠原修さんが日向地区都市デザイン会議委員長を、内藤廣さんが駅舎の設計をしています。東西に分断されているまちをつなげる大がかりなプロジェクトで、駅舎が完成したのは二〇〇六年ですが、鉄道高架のための基礎調査を始めたのは一九七三年なので、三〇年かかっています。非常に息の長いプロジェクトですね。都市計画で道路などを定めなくてはなりませんから、高架にする部分を決めたり、道路の位置を確定させたり、という全体をまずは決める必要があります。その都市計画決定がなされたのは一九九八年で、事業決定（建設省）が二〇〇〇年です。事業決定した後、日向地区都市デザイン会議が二〇〇一年に始まり、駅舎の完成がその五年後というタイムスパンで進んだプロジェクトです。

高架になった線路は、土木の設計で決まっています。鉄道敷地内は建築基準法の範囲外なので、ここは鉄道の法規で決まっています。電車が入ってくるので、もし電車が燃えた場合のスプリンクラーがあったり、炎を避ける防炎シェルターがあります。この梁は面白い断面をしていますが、この地域でとれる飫肥《おび》杉という杉を使っていて、杉は曲げ応力に弱いので、

高架と建物とキャノピーが渾然一体となったまちのための空間

日向の空によく映える駅舎

ホーム階の架構

断面形状を工夫することで曲げ応力に弱い杉を梁材に利用することができるようになったそうです。西側に古い古墳があり、駅を視点場とした景観を妨げないよう、東西方向はできるだけガラスが使われています。この駅舎の空間が、鉄道敷地外の建築基準法に基づいてできているキャノピーと空間的につながっています。

周辺の地域に区画整理をかけると、道路幅員が広くなり敷地が合理化されます。不整形であった敷地を、例えば同じ面積だけど整った整形の敷地に交換できたり、あとは買い足したり売ったりと、敷地を整えることを区画整理と言います。駅周辺の区画整理ではいろいろな建物や施設が新しくできていますが、内藤さんが地元の建築士たちと一緒になって、これからできていくまちに関わる活動もされています。連続立体交差事業のような都市・建築・土木が重なり合うプロジェクトの場合、とても長い時間がかかります。日向市の場合も、最初の基礎調査から数えると、三〇年以上の時間が経過しており、こうしたとてつもなく長い時間がかかるプロジェクト、そして、立場も違う多くの関係者が参加する中で、皆が同じ方向を向いて進める状態をつくり出すのも、デザインの役割だと思います。プロジェクトと呼ぶにはあまりに長期にわたるタイムスパンの中で、駅舎、キャノピー、駅前広場、そしてまちが気持ちよく連続する空間が生まれていますが、諸制度の縦割りの中で、この「気持ちよく連続する」ということがいかに難しいか、このプロジェクトを知るにつれ、途方もない努力に頭の下がる思いです。

ここでは、空間の重なりが土木と建築の間にも生み出せることがわかります。両者とも人工物ですので、双方の意識合わせが前提ではありますが、ともに人がつくり出すものであるからこそ、うまく重なり合いが生まれた時の効果も大きく、戦略的な連携が今後も不可欠でしょう。

南米の広場

次は私自身が関わったプロジェクトです。敷地となったコロンビアのメデジンは、映画などではメデジン・カルテルというコカインのシンジケートの拠点としてその名前が出てくることがあり、かつては犯罪と貧困のまちでした。貧困地域の再生を目的に、市内の五か所に図書館をつくるという、当時のファハルド市長の政策の一つです。内藤廣さんの指揮のもと、私が担当して現地に赴いていた頃は、マシンガンを持った警備の人と一緒でないと移動できないという状況でした。内藤廣さん、中井祐さんがリードし、当時私が在籍していた景観研究室で設計を行いました。二〇代の半ばくらいだったと思います。

もともと刑務所があった敷地に、大小一五棟の建物を配置しました。屋根は地場の集成材、壁はコンクリートブロックでできています。まちに開いた広場や、二七メートル角の水盤を敷地の中央につくり、まちからそのままアクセス可能な半外部空間としています。この水面の高さは、周囲の舗装と同じ高さになるようにディテールの工夫をし、人が歩くところと正方形の水盤とが同じ高さに揃うという不思議な空間です。まちからどんどん人が吸い込まれるように集まってきて、音楽の練習をしたり、職業訓練施設があったり、さまざまな活動が水盤の周りに展開し、この空間を媒介に集まった人同士にも接点が生まれるというプロジェクトです。

完成式にたくさんの地元の人たちが来てくれたり、地元の子供たちが顔にペイントして参加してくれたり、というのは、今でもなかなか体験したことがありません。日本だと、公共事業で施設ができたりしても、ここまでの反応は生まれにくい気がします。コロンビアでは、建築が生まれることと地域が変わっていくことが日本よりも近い距離にあって、建築を生み出すことが直接的に社会に参加することであると、初めてのプロジェクトで痛感しました。

完成してから数年後に再び内藤さんと現地を訪れたのですが、その頃にはマシンガンの護衛がなくても問題ありませんでしたし、夜のまちを歩いたのもこの時が正直初めてでした。おじいさんたちが新しくできた広場で歓談している様子や、水盤のそばに座り込んで電話している女の子がいたり、こういう日常の風景が取り戻されて、次の世代の原風景になってい

水盤の周囲の空間。人がよくたむろする

水盤越しに見た風景

く。こうした空間をきっかけに人々がまちに参加する機会が増えていくと良いなと思いました。

この南米のプロジェクトでは、とても印象的な出会いがありました。ル・コルビュジエの元で学び、一九五八年に故郷に戻るとコロンビアを代表する建築家となったロヘリオ・サルモナ（一九二九－二〇〇七）です。内藤さんとサルモナさんは深い友情で結ばれており、内藤さんがコロンビアに来ると知ると、体調がすぐれず療養していた病院を抜け出し、自身の設計した建築を案内してくれました。Graduate School Building at the National University（二〇〇〇）やVirgilio Barco Public Library（二〇〇一）など、いずれも素晴らしい空間のクオリティでしたが、彼の空間の特徴はオープンスペースの質の高さと広場のような伸びやかさを持った内部空間にあります。彼の建築の多くは、美しいランドスケープの中にあることが多いのですが、もしまちなかにあったらどんな影響を都市にもたらしただろうか、と思わず想像してしまいます。

南米の穏やかな気候もあいまって、ここでは、一つのプロジェクトの中にさまざまな空間の重なりを生み出すことができました。これまで見てきたようなさまざまな空間の重なりを組み合わせると、まるでまちのような建築を生み出すことも可能だと思います。

オーバーラップする都市と建築

近代建築は、当時の芸術表現に影響を受けたフォルムが先行するかたちで生まれ、実現した建築体験が理論化される過程で、空間という概念によって補強されるという経緯がありました。こうした経緯もあり、当初の近代建築はフォルムがはっきりとしているからこそ、周囲に建物が存在しない環境では形態が際立つものの、周囲に建物が建ち並ぶ都市的なコンテクストにおいてはそのあり方に工夫が必要でした。形態的な主張のはっきりとしたフォルムは複数を重ね合わせることができませんが、空間をベースに発想すれば都市と建築を重ね合わせることが可能となります。つまり、都市と建築の関係を考える時には、フォルムではなく、スペースが重要となります。

私たちは、建築の見方を少し変える必要があります。敷地の線を超えた視点が持てるかどうかが重要です。それは環境的な意味での敷地の内外ということもありますし、そもそもの発想としてという側面もあります。その先には、「良い建築」の定義にあたって内向きの視点だけでなく、外からの視点も大切にしなくてはなりません。内部の要件については施主がいますが、外から捉えた建築の価値は、それを決めてくれる人が明確には存在しません。建築家の良心に委ねられているともいえます。だからこそ、私たち建築家が変われば、建築も変われるのではないかとも思います。

現在ほどの密度を持った都市は、まだまだ歴史が浅く、今の都市の姿は、決して「当たり前」のものではありません。したがって、それを当然のものとして受け入れないでほしいと思います。急に都市全体を変えることはできませんが、一つ一つの建築を通じて都市に関わりを持つことは可能です。良質な空間を積み上げて、豊かな都市を実現しましょう。

話題づくりのためのプロジェクトではなく、都市構造そのものにアプローチする都市再生の現場では、開かれた空間をもった建築をつくることで、都市と建築の空間の重なりを生み出す事例が見られます。こうした重なり合う空間を積み上げることで、単に形態を揃えるだけの風景ではなく、都市の活動と建築の活動が重なり合うようなオーバーラップする風景が生まれるはずです。建築家が個別の作品づくりだけにいそしむのではなく、おのおのの設計がゆるやかにつながり、都市の魅力を底上げするような状況。それは、私の夢ではなく、私たちの夢となっていくはずです。

清水博さんは、『場の思想』（二〇〇三）の中で、個の多様性を前提とした秩序の持続的生成について論じています。清水は、生命は場として存在し、同時にその場に位置づけられた個物としても存在する。そして、周りから影響されない独立的で個別的なモノとしての局在的生命と、位置がなく働きとしての偏在的生命という二種類があるとし、生命の二重存在性という概念を提唱しています。これは目玉焼きのようなもので、どのようなフライパンで目玉焼きをつくっても、黄身の形は常に丸くなります。これが周りから影響されない独立的な局在的生命です。一方、白身はフライパンの大きさや形状によってその形が変わります。こちらが偏在的生命です。つまり、どのような場にあっても形を変えない部分と、周辺の環境によってその形を変える部分の二つの組み合わせとして生命を定義できるとしています。この白身の部分は、本書でいう空間の重なりと近い概念だと思います。

私たちは、空間の重なりのことだけを取り出して考える、ということは普段なかなかありません。建物であれば、要求された内部の要件をどれくらい満たせているかを考えることが主であり、まちなみのことを考える時は、せいぜい全体の色調や素材、形態のルールについて考えることが一般的です。しかし、空間の重なりは、まちに個性を、建物にも個性をつくります。そして、空間の重なりのつくり方には地域性があり、北国と南国ではつくり方が違います。一方で、全国に展開するチェーン店などのつくり方は、外周部のつくり方が画一的で空間の重なりが想定されていないことがほとんどです。店舗のつくり方に、全国的な基準

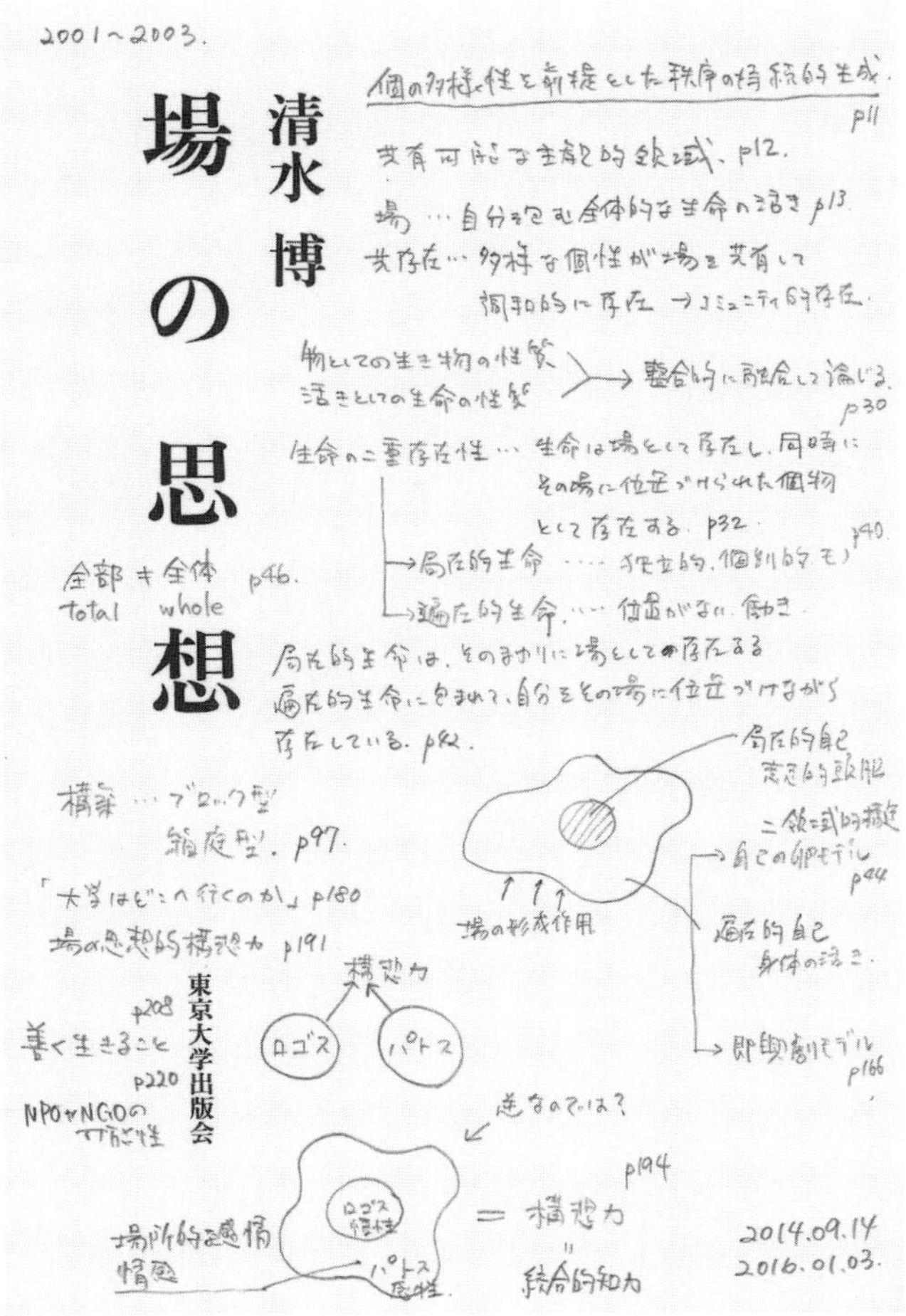

中表紙に書籍の内容をメモする癖があり、この本にもぎっしりとメモが

があるからなのでしょうが、エリアや敷地の特徴ごとに異なる外部空間との関係をつくれるようなデザインコードを持つ事業者が出てきても良いように思います。

夏が蒸し暑く、冬が寒い日本の気候では、単純な屋外広場が成立しにくく、こうしたモンスーンの気候だからこそ、空間の重なりが重要です。そして、その空間の重なりを工夫することで、単に形が揃っているまちなみではなく、体験できる空間として魅力的な都市が生まれるのではないでしょうか。

世界的な建築家であるリチャード・ロジャース（一九三三−二〇二一）の興味深いコメントがあります。

労働へのエトスが人生を支配し、ゾーニングと途方もない土地の価格が、家庭での団欒の時間をダウンタウンから追放した場所。

この言葉が表している状況が実在するとしたら、お世辞にも暮らしたい場所とは言えませんね。ですが、実は、これは東京の状況を表現している言葉です。エトスというのは、習慣とか慣習という意味で、働くことがそのまちでは人生を支配して、ゾーニングと途方もない土地の値段が、ダウンタウン＝人が集まる中心部から、家庭のぬくもりを奪い去った場所、それが東京の現実だと言っています。このコメントを聞くと、私や皆さんの世代で、なんとかこれを変えて、本当に豊かな都市にしなくてはと思いますよね。でも、この状況を変えることができるのは誰か一人の英雄がいれば良いというわけではありません。多くの人の力が合わさってこそ、この現実を変えることができるのだと思います。

世界中で都市再生の試みが繰り広げられていますが、都市を再生するとは、何を再生することなのでしょうか。経済的な活動でしょうか。それとも、人口を増加させることでしょうか。何を再生するかを決めることが、実は一番難しいのかもしれません。その答えは、きっと都市によって違うものになるでしょう。ただ一つ言えることは、都市再生と「にぎわう」は違うということです。経済的な観点だけではない都市の価値、最終章ではこの問題を論じていきたいと思います。

第6章

気配のデザイン

失われつつある気配

二一世紀なりの良いまちというのはどういうものでしょうか。その答えは何通りもありそうで、このテーマだけでも一晩飲み明かせそうです。仕事柄、有名無名を問わず国内外のさまざまな都市を歩きまわることが多いのですが、そうした体験を通じて、現時点での私なりの答えにたどりつきました。それは、何かに出逢えそうな気配のあるまちが、良いまちなのではないかということです。これまで話してきたように、あるまちの建物の外観を全て揃えるということは、多様な価値を持った人々が集まる現代の都市では容易には実現することができません。したがって、整ったまちなみのあるまちを良いまちだとしてしまうと、今後、良いまちを新たにつくることができなくなってしまいます。さらに、現代は昔と違って情報空間でもさまざまな情報を取得できるからこそ、物理的な都市や建築に何を期待するか、ということころから議論を始めなくてはなりません。これは、情報時代となった現代に生きる私たちに共通の、取り組みがいのある課題でもあります。情報空間はどうしてもアルゴリズムなどによって管理されてしまいますが、物理的な空間にはそうした直接的な管理者がいないというのが大きなメリットで、自分が予想していなかった事柄に出逢える可能性が高まるというのが、都市や建築などの物理的な空間の良いところです。そういう予測不可能な出逢い、それは必ずしも人だけではなくモノや風景だったりすることもあると思いますが、そうした予測不可能性が高い空間は、人にインスピレーションを与え、個人個人に絶妙に標的を定めた情報にあふれる二一世紀の私たちの救いの場になっていくことでしょう。

空間の気配について、もう少し考えを深めていきましょう。気配って何だろうかと考えると、そもそもは、はっきりとは認識できないけれど漠然と感じられる様子、というのが言葉の定義です。そういう漠然とした感覚になんとか姿を与えようとした試みは、例えばおばけのように、これまでにも存在していたと思います。「もうすぐ夏です」と言われたら天気予報にしか聞こえないにしても、「夏の気配を感じますね」と聞くとなんだかワクワクしてしまいますよね。そういうはっきりと言葉にできない感覚が気配なのだと思います。ゴルゴ13は、誰かが後ろに立つとわかるらしいのですが、もちろん後ろに目があるわけではないでしょうし、そういうのも気配の一種なのかもしれません。しかし、気がつけば、気配はいつの間にか身の回りから失われつつあるように思います。

『共通感覚論』（一九七九）の中で中村雄二郎（一九二五－二〇一七）は、五感にわたりつつそれらを統合して働く総合的で全体的な感得力を共通感覚だとし、その共通感覚とは「構想の能

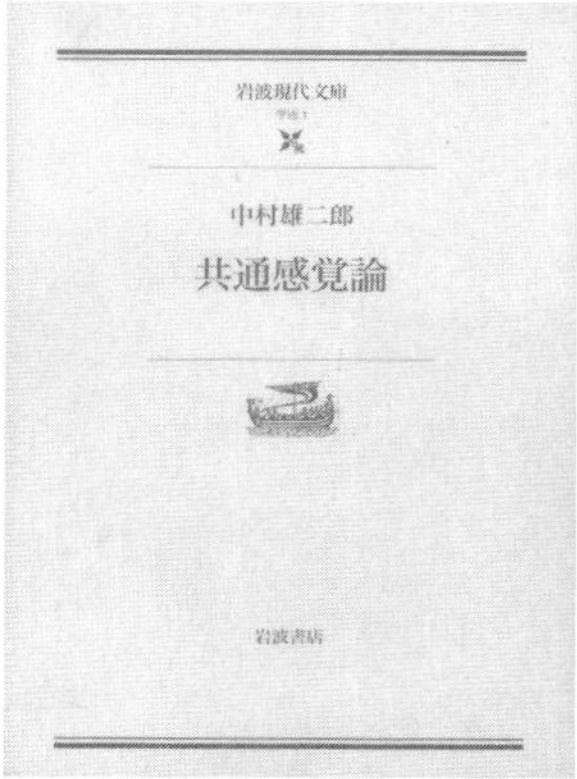

力」であるとしています。そして、この能力は、近代世界の視覚優位と結びついた機械論、全体は部分の総和からなるとする機械論の逆理であり、視覚は必ずしも全体を把握するのに適した感覚ではないともしています。もしかしたら視覚だけに頼りすぎていることが、気配が失われているように感じることの原因なのかもしれません。

気配は見ることができませんし、あらかじめ気配を感じることはできず、何かを感じた後に、事後的に気配を感じたとわかるものです。『美学への招待』(二〇〇四)で佐々木健一氏は、気配を感じた時、その即刻の判断に間違いがないことを考えると、漠然としたものではありえず、むしろ、いくつもの事実を基にして、それらの事実を暗黙のうちに総合して判断しており、その総合のプロセスがあまりに複雑で素早いために、捉えることができず曖昧な印象を与えているのではないかと述べています。つまり、気配とは、五感のうちのいずれかが単独で捉えられるような単純な知覚ではなく、全体的かつ総合的な把握によってのみ可能な高次の知覚であり、気配とは統合的な感覚であるといえます。

電車に乗れば、大半の人がスマートフォンを見つめる風景も、いつの間にか当たり前になりました。画面の中のSNSに夢中になったり、ゲームに没頭する姿を見かけない日はありませんが、それらは主に視覚と聴覚に限定的な情報に触れている状態です。まちなかを見れば、多くの人がイヤホンから流れる音楽を聞きながら目の前の光景とは別の世界に浸っています。以前は感じていた「まちの匂い」も感じることはなくなり、都市の中で嗅覚を刺激されるのは、まちかどの料理屋さんの前くらいです。インドで夜更けに犬の鳴き声を聞いた時、久しぶりに都市の中で機械以外のものから発せられた音を聞いたような気がしました。私たちは、いつの間にか分断された五感の世界に生きています。かつては統合された状態で知覚していたであろう外部の情報は、現代では五感のそれぞれが別々の情報を独立して感じることが当たり前になってしまいました。五感が分断された現代では、統合された知覚としての気配を感じることはなくなり、別々の感覚に分解されてしまっています。分断された五感の世界では、気配はもう感じられないのかもしれません。しかしながら、本当は日常に潜む気配という統合的な感覚をなんとか捉えようとする挑戦こそが、人間の想像力を高めてきたように思います。二四時間明るい空間を提供するコンビニエンスストアや、二〇〇〇年代以降のインターネットへの常時接続の時代を経て、気配は私たちの身の回りから失われ、その存在にすら見向きもしなくなってきています。

私たちは、空間の中に身を置くと、五感の全てで体験せざるを得ません。空間を感じるとは、五感を統合的に働かせる体験です。二一世紀の都市にもう一度気配を取り戻すためには、私たちの休みがちな五感をフル回転させてくれるような空間の力が必要なのです。

古さが価値になった現代

おばけは、新しい建物よりは古い建物にいそうな気がしますよね。つまり、私たちは古いものに何らかの気配を感じるのだと思いますが、その古いということの価値について考察してみたいと思います。どんな天才でも古いものは生み出せません。ジェイン・ジェイコブズが言うように都市の魅力は、その場所に古くからあった建築をどのように未来に橋渡しできるか、ということと不可分です。歴史的な建築物をうまく未来に残すことで、都市のアイデンティティが強化され、その積み重ねの先に都市が魅力的になるのです。

留学していた頃、二回りくらい年上のイギリスの友人とロンドンのまちを散歩していた時期があったのですが、彼はちょっと歩くと、すぐ「カフェに入ろう」と言い出すので、なんだかものぐさな人だなぁと思っていました。ですが、今思えば都市の体験は街路空間の歩行だけでなく、そうした営みと一体なんだと思い直し、今では私にもすっかりその習慣がうつってしまいました。その彼が繰り返し言っていたのは「古いものほど素晴らしい」ということでした。当時の私はそんなものか、くらいにしか思っていませんでしたが、この二〇年で日本でも建物のリノベーションが一般化しました。行き先を調べる時に、よく「古民家カフェ」という言葉を目にするようになりましたが、一般の人の目的地の興味の中に、古民家という建築の用語が入り込んでいることも、私から見るととても新鮮な気がします。ただし、それを単なる流行として見るのではなく、私たち建築家は、古民家人気の背後にあるもの、人々がリノベーションのどういうところに魅力を感じているのかについて冷静に考えなくてはなりません。また、これは古民家ばかりではありません。古着やアンティーク、ヴィンテージ・マンションなど古さの中にある何かに惹かれる人々は、確実に増え続けています。私自身も実際にこれまでいくつか経験してきましたが、改修のプロジェクトには古い建築に手を加えることの豊かさや面白さがあります。それは、自分がコントロールできないものが同居していることの豊かさなのではないかと思います。設計者のコントロールが及ばない他者性を持った空間は、全てを設計しきった新築の空間とは異なる豊かさを確かに持っています。

教え子の師田侑一郎さんの研究では、ここ二〇年のリノベーションの動向とその中で見られる他者性について考察しています。一九九〇年代から改修やリノベーションが建築の主題になり始め、一九九九年には環境白書において「ストック活用型」経済への転換が言及されています。二〇〇二年から住宅のリノベーションの前後を比較する番組が放送され、リノベーションが広く市民権を得てきました。この研究では、二〇〇〇年以降の住宅リノベーション作品六一六点を分析し、リノベーションが利用や補修を通して建築を理解し、愛着を持つきっかけとなっていることを明らかにしました。そして、こうしたリノベーションに関する分析を通して、「他者性」という概念を定義しています。それは、建築家の意図や目的に対して合理的な図式に閉じないこと、複数の主体や論理が共存し、多様な体験が得られる状態であることを指摘しています。この「他者性」の存在こそが、リノベーション人気の原因であり、古さの中に何らかの気配を感じることの要因となっており、この「他者性」という概念は都市と建築の関係においても応用可能だと思います。むしろ良い都市とは、良好なかたちで「他者性」が存在する状況であるといえるでしょう。

うかんむりは、その下の別の漢字と組み合わさることで、新しい意味を生み出す働きがある、というのは第2章で述べたとおりです。例えば、ルツェルンの大屋根は、もちろんとても美しいキャノピーですが、この空間の特徴は屋根の形状だけではありません。屋根のほかにも、湖畔という立地、そこに集まる人々の営み、そうしたものを含んでの空間の魅力です。つまり、はじめに建築があるわけではなく、その場所の意味に対して建築が手助けすることで素晴らしい空間が生まれるのです。うかんむり的建築は、建築だけで完結的な意味を形成しようとするこれまでのアプローチとは大きく異なります。そのためには、建築はフォルムよりもスペースを大切にしなくてはなりません。人々の活動のよりしろになるスペースがあるからこそ、その場の活動と合わさって魅力的な空間になるのです。建物が主役とならない余白のある空間では、人々の活動からにじみ出る気配を感じやすいように思います。

反復と余白

東京大学の総合図書館別館では、地下深くに自動化書庫をつくりましたが、キャンパスにとってのオープンスペースを生み出すために地上は広場としています。この広場に二種類のベンチをつくりました。一つは、すっきりとしたデザインのベンチ。もう一つは、かつての帝国大学図書室の遺構のレンガをそのままの形状でベンチとして転用したものです。前者は、ベンチとして非常にすっきりとしたデザインなのですが、そこには座るという行為しか生み出せませんでした。後者のベンチは、私はただ座面や照明を付加しただけで、歴史性を継承することが目的でもあったので形状は元の遺構のままとしました。普通のベンチよりも幅も奥行きもだいぶ余裕があるので、腰掛けるだけでなく、向かい合わせであぐらを組んで将棋をさしたり、気持ちよさそうに寝転んだりと、私が予想していなかった使い方がされていて、キャンパスに来るといつもこの広場を通るのが楽しみになりました。そして、その微笑ましい光景を見るたびに、私はデザインという行為が無意識的に持っている、未来を限定してしまうことの怖さをも感じています。デザインは、何かを決めること、つまり未来に対しての幅を狭めることですが、使われ方に直接的に対応しすぎるデザインは、人が本来持っている活動の幅まで制限してしまうのだと実感しました。使われ方への想像力ではなく、設計者が頭の中で思いついたフォルムを先行させたデザインをしてしまうと、人の活動を制限する空間になってしまい、気配が消えてしまいそうになります。何かを決めるというデザインという行為の中に、どのように余白を残すことができるかどうかが重要なのだと気づかされた経験でした。

先日、杉崎広空さんが事務所にお越しになった時に気配について話す機会があったのですが、その話がとても面白く、いくつかの気づきをいただきました。まず一つは、反復の中に気配があるのではないかということです。私は、J・S・バッハのフーガが好きなのですが、フーガとはある旋律（主題）が少しずつ変化をしながら繰り返され、曲の全体をつくっていくもので、曲全体が非常に明快な構造を持っていながらも豊かな全体性がつくり出されます。私が好きなのは、ある部分の反復が全体をつくっていく、しかし、その部分も少しずつ変化をしていくことで、聞いている人の中に豊かな残響が残っていくというつくり方です。その主題の少しずつの変化の仕方や、主題と変化がつくり出す全体の関係、はっきりとした構造を持ちつつも、聞く人の心の中に少しずつ音を残しながら積み重ねていくような音楽のあり方そのものが気に入っているのだと思います。杉崎さんとの話やフーガのことを考えていると、たしかに、似てるけど、ちょっと違う。そして、そういう小さな差異の反復の中に気配が生まれうるのではないかと思います。小さな差異ということは、裏を返せば通底しているものがあるということでもありますので、このフーガの技法は群のデザインとしてのまちなみにも応用可能な手法だと思います。

もう一点が、意味を付加できないからこそ、気配があるのではないかということです。つまり、意味が確定してしまうと、気配が消えてしまうのではないか。私たちは日常的にスケッチを描きますが、スケッチと図面の違いは、建築家は誰しもが意識的に理解していると思います。例えば、図面は設計した内容を誰に対しても確実に伝えるためのものですから、そこに解釈の余地は生まれません。いろいろな解釈ができる図面なんてものが存在してしまうと、そこからいろいろな建物がつくられてしまうからです。しかし、スケッチは違います。スケッチの場合は、いろいろな解釈ができるからこそ、それを見る人との間で、良い意味での誤読が生じたり、そのスケッチから新しいアイデアが生まれたりします。つまり、スケッチは意味を確定しないまま、その空間なり構成なり世界観を伝えようとするものなのです。それは、スケッチに漂う気配ともいえるでしょう。そうしたスケッチの気配は、意味が確定していないからこそ生じるものでしょうし、それは余白を残したままのデザインであるとも言えます。

空気感

『空気感《アトモスフェア》』(二〇一五)は、ペーター・ツムトアが自身の経験を通して「空気感」が醸成され

る背景について考察を深めたもので、ヴェンドリングハウゼン城という古城で行われた講演の記録でもあります。「空気感」はツムトアが「すぐれた質の建築」を考える上で重要なポイントであるとしています。ツムトアが自身の建築の中に「空気感」を生み出そうとする時に考えていることを、「建築の身体」「素材の響き合い」「空間の響き」など一二のポイントに分けて語っているのですが、七つ目に「心を奪われるきわめて特別なもの」として「内と外の緊張関係」を挙げています。広い地球の一部を使って建築が生まれた瞬間に、内部と外部、そして、その境目を生じ、それが個人性と公共性の交錯を生み出す。内側に包むものと外に発するものとは時に異なるものであるかもしれないが、建築が携わるのは、まさにこの接点の部分であると述べています。

さらに、『EXPERIENCE 生命科学が変える建築のデザイン』の中でマルグレイヴは、「空気感」を生理学的に捉えることが可能になっていることをいくつもの研究を紹介しながら実証的に論じていますが、それはディテールよりもコンセプトを重視する現代への痛烈な批判でもあります。なぜなら空気感をつくるのは、コンセプトではなく、ディテールだからです。

マルグレイヴは、「空気感」は単なる印象論のような単純なものではなく、また、目新しい新機軸という軽々しいものでもなく、現代においてついに分析可能なものとなり、これこそが今後の建築を語る上での重要な概念であるとしています。この視点には、非常に多くの示唆が含まれています。何かを捉えることができるようになれば、その対象を扱うことが可能になります。従来の科学の範疇では、力学構造や空気環境など、分析し把握できるものは操作対象となりえましたが、空気感のような漠然とした感覚は、デザイナーの感性によるものだとされてきました。しかし、これらさえ、最新の知見を用いれば分析可能となり、より正確でより精緻な議論が可能となります。その先には、ツムトアの言葉で言えば「空気感」であり、この本のテーマである「気配」というものをきちんとデザインの主題として扱うことができるようになります。こうなれば、建築のデザインは、もっと豊かなものになるに違いありません。だからこそ、空気感や気配という、新しい建築の概念を見据える必要があるのです。

ツムトアのいう内部と外部の境目は、それぞれの要素が混じり合い、さまざまな気配が生まれやすい場所です。空気感や気配という論点から建築を考えるには、内部と外部の空間の重なりを考えることが手がかりになるはずです。

これまで考えてきたように、気配を感じる空間にはいくつかの要因がありそうです。他者性や差異のある反復、デザインの余白といった要因が、空間の重なりに発生する時、空間に気配が生み出されるのではないかと考えています。気配は、時に私たちに矛盾したことを考えさせてくれます。伝わりやすいものは、気配にはなりません。伝わりにくいけれど、確実にそこにあるもの。情報空間がますます私たちの生活に欠かせないものになればなるほど、物理的な空間は、そういう気配をいかに生み出すかが重要となってくるでしょう。

私たちが立ち向かおうとしているもの

私たちの周りには、課題解決型のデザインが多くなっています。地球温暖化、貧困問題、食料生産、疫病に戦争。二一世紀になっても、私たち人類は多くの課題に直面しています。それらの解決には国を越えた地球規模での取り組みと同時に、一人一人の具体的なアクションも必要です。そうした時代背景の中で、デザインの領域にも課題の解決を目指したデザイ

いずれも和歌山市加太での改修。高齢化が進む港町で、2013年から活動しています　上：川添研究室加太分室、下：カフェレストランSERENO

ンが多く見られるようになってきました。しかし、こうした課題の解決は前提であって、目的ではないと思います。人は誰も地球温暖化を解決するために建築をつくるわけではありません。戦争を止めるために都市をつくるわけでもありません。人々がより豊かな時間を送る、そのために私たちは空間をつくるのです。私たちには、私たちにしかできないことがあります。今、共に過ごす社会の問題を認識し協力し、さらにその先にある豊かな空間をつくるという、私たちにだけ課せられた社会的な使命があります。

これまで述べてきたように、アーバンデザインには多様な当事者間の合意が必要で、関係者が足並みを揃え、一つの方向に向かって協調することで美しいまちなみが生まれます。しかしながら、各地の現場を経験するにつれ、これがいかに難しいことであるかを実感して

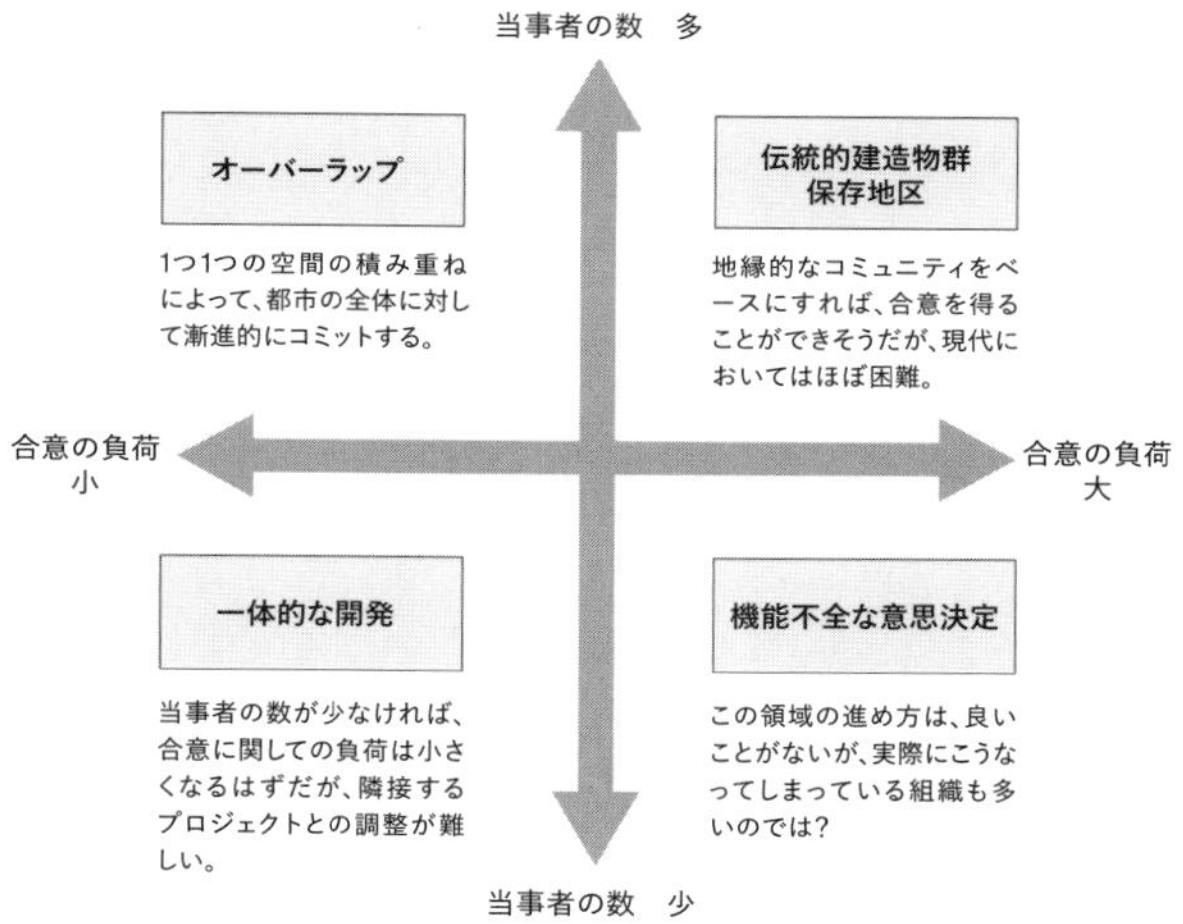
当事者の数　多
オーバーラップ
1つ1つの空間の積み重ねによって、都市の全体に対して漸進的にコミットする。
伝統的建造物群保存地区
地縁的なコミュニティをベースにすれば、合意を得ることができそうだが、現代においてはほぼ困難。
合意の負荷 小
合意の負荷 大
一体的な開発
当事者の数が少なければ、合意に関しての負荷は小さくなるはずだが、隣接するプロジェクトとの調整が難しい。
機能不全な意思決定
この領域の進め方は、良いことがないが、実際にこうなってしまっている組織も多いのでは？
当事者の数　少

多主体のデザインの方法論が求められている

います。それは、今の日本の都市を見ればわかるでしょう。全員の意見を一致させようとすると、計画の初期案で持っていたような理想が消えてゆき、皆が合意できる最低限度のポイントだけが残る、ということも少なくありません。例えば、伝統的建造物群保存地区のような古くからのまちなみでは、関係する主体の数が多くとも、地縁的なコミュニティがしっかりしていたり、そもそも材料の制約があったりなどして、統一的なまちなみがつくられ、そのいくつかは現在まで継承されてきました。しかし、こうしたつくり方は、現在ではほとんど不可能です。また、古いまちなみが残る場所でも、住民の価値観が少しずつ変わり始め、残したい人と変えたい人の意見が一致しないというような、まちなみの保存に関する課題も出始めています。一方、主体の数が少ない場合にも、統一的なまちなみをつくることが可能です。大規模な開発などで事業者の数が少ない場合がその例です。しかし、こうしたプロジェクトでは、その敷地の範囲外とどのような関係を結ぶか、という点で課題があります。そのプロジェクトの範囲内だけは特定のデザインがされているものの、その周囲を取り巻くエリアとは別世界になってしまっているような「陸の孤島」型の開発になってしまう事例も目にしてきました。そうした経験を踏まえると、もし、主体の数が多くとも皆が自然にコミットでき、それでいてまち全体の魅力を向上させる方法論があれば、それは実効性のある手法になりうるのではないでしょうか。そのヒントが、この本で取り上げた空間の重なりです。魅力的な空間の重なりを一つずつ増やし続けることで、都市の魅力が少しずつ向上していく。都市の価値を少しずつ積み上げるようなつくり方をするためには、魅力的な空間の重なりを増やしていくことが有効です。

にぎわいや収益といった経済活動の量は全体の総和が決まっており、観光客の呼び込みのようにこちらが増えればあちらが減るという具合の終わりなき奪い合いの競争に巻き込まれてしまいます。しかし、都市の中の魅力的な空間は奪われることなく増やし続けることができます。だからこそ、全員で固定的な理想の姿を議論し、うまくいけば実現できるという目標型のアプローチではなく、少しずつ魅力的な空間を増やしていくという積み上げ型のアプローチができれば、もう少し具体的に都市空間を変える力になるのではないでしょうか。

ここ一〇年以上、東京大学のキャンパス計画に関わり続けてきました。例えば、本郷キャンパスには、四〇万平米もの広さの中におよそ一〇〇棟ほどの建物があります。建物一棟が変わると、それに応じてキャンパスの質が変わるわけで、キャンパス計画とは数十年という時間軸の中での建築群のコントロールだともいえます。長い期間にわたって関わってみると、ある時点で将来を想定して判断したことでも、しばらく経つと、その時の想定とは異なる方向に現実が進んでいたという事態に直面することがあります。コストの問題、体制の変化、自分たちだけではコントロールできない外的な要因によって、当初の想定は変更を余儀なくされます。たとえそうした当初の想定とは異なる状態に置かれたとしても、その時々に最善と思われる判断を積み重ねるしかありません。そういう意味では、キャンパス計画も積み上げ型のアプローチなのだと思います。

設計をすればするほど、自分が設計している建物に深く没入していきます。そのように没

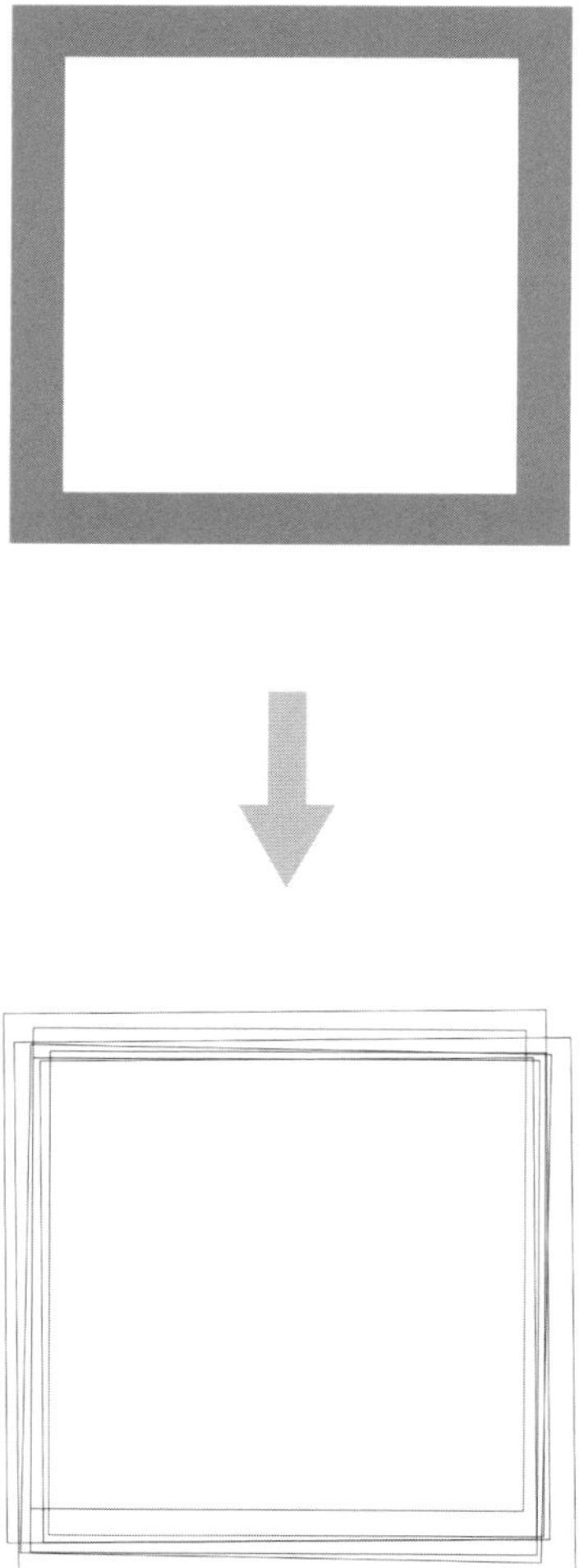

完結的な建築ではなく、空間の重なりを生み出すような建築を

入するからこそ素晴らしい建築が生まれていきます。全ての建築には必ず施主がいて、設計は必ず誰かに依頼されることから始まります。設計が進む過程では、タイミングごとに施主に確認を取るので、私たちは自然と施主に気に入ってもらえるかどうかを気にしながら設計を進めることになります。しかし、建築を内側から決める力と外側から決める力の二種類があるとしたら、これはあくまで建築の内側からの力の話だと言えるでしょう。ふと顔を上げてみれば、建築は広い世界の「一部」なのです。だからこそ、建築の価値は、内側からの力だけで論じてはなりません。外側から建築の価値を見ようとする眼差しをもっと増やすべきだと思います。では、都市の側から建築を見た時の施主とは、誰なのでしょうか。建築が社会の中で役割を担おうとする時、誰がその価値を評価すべきなのでしょうか。当然ながら、それは市民であり、私たち自身にほかなりません。そして、建築を内側から決める力と外側から決める力をバランスさせながら建築をつくり都市をつくるための方法論の蓄積とその実践は、これから私たち建築家が取り組むべき課題なのだと思います。

その手がかりが空間の重なりです。一つ一つの建築に、少しずつ空間の重なりがつくられ、そこに他者性や差異の反復、デザインの余白という要因が入り込むことで気配を感じる空間が生まれる。こうした気配のデザインを通して、何かに出逢うことができそうな都市が生まれ、そんな街角で日々を過ごすことができたとしたら、きっと私たちの毎日はもっと豊かなものになるはずです。都市と建築をオーバーラップさせることで、都市はもっと魅力的になりうるし、それを可能とする新しい建築の姿が立ち現れてきます。都市と建築の関係を再構築することで、これから私たちは自らの力で豊かな都市を生み出していけるのです。

学生たちとの対話を通して

この本のベースとなった「建築設計学第二」は、大学院生を対象としており、私が二〇一一年に着任した時から受け持ってきた講義です。学部生への講義と異なり、大学院生への講義は、人数も限られていることや初歩的な建築の知識を有しているという前提から始められることから、教える側と教わる側ができるだけ双方向のものにしたいと考えました。単に話を聞くだけではなく、そこから自分なりにどのような思考を展開するのか、自分の考え方の癖を知り、自分なりの考えを膨らませるやり方を会得することが、大学院生の時期にとって非常に重要だと考えたからです。以前は、毎週課題図書を二冊設定して、その二冊の位置づけを弁証法的に考察しながら、自分なりの建築論を組み立てるという、今考えれば相当にハードワークを必要とする形式で行っていた時期もありました。

最近では、座学によって、学部では時間の都合で伝えられなかった知識を伝えることと、その知識を活用しながら自分自身で考えの筋道を整え、他者に伝えるアウトプットも行うという具合に、インとアウトのバランスを考えながら講義を組み立てるようにしています。このような書籍のかたちになると、なんだか体系的な講義をしているかのように思われる読者の方もいるかもしれませんが、講義は常に試行錯誤の連続です。学生たちの反応を確かめながら、翌週の内容を決めることもしばしばで、そういう意味では、この本はこれまで一〇年の間に私の講義をとってくれた学生たちとの共作だといえるでしょう。

さらに、本の中では、研究室で一緒に活動した教え子たちの研究も紹介しています。紙面の都合もあり紹介できたのは、ほんの一部にすぎませんが、研究室のメンバーたちと過ごした時間が今の私をつくっていることは間違いなく、こうした機会にそうした研究の一部を紹介できたことは、私にとっても貴重な機会となりました。

本の中で掲載した書影は、私の本棚のものです。一部よごれていたり、古い版のものだったりしますが、ともに本を手にとりながら議論しているかのような一体感をつくりたいと考えました。

この本を構成する重要な概念の一つであるフォルムとスペースの考え方は、内藤廣さんとのお話から着想を得ました。「もうオレからは卒業だな」とおっしゃって下さいますが、お会いするたびに、何歩も先まで進まれている様子に、まだまだ影響を受け続けています。

草野充子さんには企画段階から相談にのってもらい、この書籍の骨格をつくってもらいました。堀之内可奈子さんには講義の書き起こしから、さまざまな文献の調査を担当してもらいました。鹿島出版会の渡辺奈美さんは、『EXPERIENCE 生命科学が変える建築のデザイン』との同時出版という挑戦に快く伴走してくださいました。もう一冊の書籍と同様、ラボラトリーズの加藤賢策さんと鎌田紗栄さんには、それぞれの個性をいかしながら対としての関係性をつくるという、これまでになかった本のデザインを考えていただきました。

大学院ともなると、学生たちは専門の中にいる自分を意識せざるをえません。毎回のゼミでは、研究室のテーマに沿った研究論文を読み、そうした専門的な研究の中で自分の研究を位置づけることが求められます。専門性の中でのより細かな位置づけはもちろん大切ですが、専門外の人とのつながりが比較的希薄な学生にとってみれば、その専門こそが全てになってしまいます。そうした専門性への内向きな視野が、今の都市と建築の分断を生んでしまっているのかもしれません。私の講義には、建築を専門とする大学院生だけではなく、都市計画、土木を学ぶ大学院生も集まってくれました。学生の発表の際には、それぞれの専門性の違いが生む着目点やまとめ方の無意識的な個性について発見的な言及も多くありました。

近頃、学生たちと話していて気がついたことがあります。設計の仕事に就く学生は、毎年一定数いるのですが、一〇年前に比べて大手の事務所や建設会社に行く割合が増えているようです。彼ら・彼女たちに話を聞くと、社会にコミットできる建築の仕事がしたいからだと、口を揃えて話してくれます。学生たちのそうした気持ちはよく理解できます。同時に、規模の大小にかかわらず、建築が社会にコミットする方法をもっと考えなくてはならないのだと痛感しました。学生がどのように世界を見るかは、教える側の視点の提示に影響されると思います。やり方ではなく、見方を伝える。知識ではなく考え方を伝えることが、講義の重要な役割だと思います。そして、彼ら・彼女たちの中から、さらにはこの本を手にとってくださった方の中から、都市と建築の架け橋となる人材が出てくることを願ってやみません。

二〇二三年一二月

川添善行

私がつくりたいのは、こういう空間です。手前には大きな樹が枝を伸ばし、木漏れ日の中で柔らかく空間をつくり出す。その空間には、海から流木が流れ着き、はるか彼方から朝日が一筋の光を届けてくれる。いろいろな空間が重なり、いつまでも過ごせる空間が生まれています

参考文献

第1章

- 松井一哲「材料の流通過程に着目した建築における風土性の発現」東京大学大学院工学系研究科修士論文、二〇一三
- ケネス・フランプトン「批判的地域主義に向けて――抵抗の建築に関する6つの考察」ハル・フォスター編、室井尚・吉岡洋訳『反美学――ポストモダンの諸相』勁草書房、一九八七

第2章

- 『新レインボー小学漢字辞典 改訂第六版』学研プラス、二〇一九
- Jorn Utzon, "Platforms and Plateaus. Ideas of Danish Architect.", *Zodiac 10*, Edizioni di Comunita, 1962.
- 芥川龍之介『羅生門』一九一五
- 大江健三郎『あいまいな日本の私』岩波書店、一九九五
- アントニン・レーモンド著、三沢浩訳『自伝アントニン・レーモンド』鹿島出版会、二〇〇七
- 瀬田恵之、松本直司、田邊淳也「フーリエ変換を用いた街路景観評価の有効性に関する研究――中心市街地における乱雑・整然性に関する研究その4」『日本建築学会計画系論文集』第五六九号、八五-九二、二〇〇三年

第3章

- ド・ラ・メトリ著、杉捷夫訳『人間機械論』岩波書店、一九三二
- 井上充夫『建築美論の歩み』鹿島出版会、一九九一
- 中山公男『ファブリ世界名画集52 モンドリアン』平凡社、一九七一
- ハリー・フランシス・マルグレイヴ著、川添善行監訳、兵郷喬哉、印牧岳彦、倉田慧一、小南弘季訳『EXPERIENCE 生命科学が変える建築のデザイン』鹿島出版会、二〇二四
- アドロフ・ロース著、伊藤哲夫訳『装飾と罪悪――建築・文化論集』中央公論美術出版、一九〇八（原著）、一九八七（訳書）

・ル・コルビュジエ著、吉阪隆正訳『建築をめざして（ＳＤ選書）』鹿島研究所出版会、一九六七
・ヴァルター・グロピウス著、貞包博幸訳『国際建築――バウハウス叢書』中央公論美術出版、一九九一
・ハインリヒ・ヴェルフリン著、上松佑二訳『ルネサンスとバロック――イタリアにおけるバロック様式の成立と本質に関する研究』中央公論美術出版、一九九三
・ハインリヒ・ヴェルフリン著、守屋謙二訳『美術史の基礎概念――近世美術における様式発展の問題』岩波書店、一九三六（海津忠雄訳、慶應義塾大学出版会、二〇〇〇年再版）
・パウル・フランクル著、香山壽夫監訳『建築史の基礎概念――ルネサンスから新古典主義まで（ＳＤ選書２４０）』鹿島出版会、一九一四（原著）、二〇〇五（訳書）
・パウル・フランクル著、ジェームズ・Ｆ・オゴールマン編、香山壽夫監訳『建築造形原理の展開』鹿島出版会、一九七九
・ヴォリンゲル著、草薙正夫訳『抽象と感情移入東洋芸術と西洋芸術』岩波書店、一九三五
・オットー・フリードリッヒ・ボルノウ著、大塚恵一訳『人間と空間』せりか書房、一九六三（原著）、一九七八（訳書）
・川添善行「現存する両墓制集落における空間配置形式　若狭地方、瀬戸内塩飽諸島、鳥羽地方を例に」『日本建築学会計画系論文集』七九巻（二〇一四）七〇一号、一五七七‐一五八二頁
・ジークフリート・ギーディオン著、太田實訳『空間・時間・建築』丸善、一九四一（原著）、一九五五（訳書）
・ブルーノ・ゼーヴィ著、栗田勇訳『空間としての建築（ＳＤ選書１２４）』鹿島出版会、一九四八（原著）、一九七七（訳書）
・ノルベルグ＝シュルツ著、加藤邦男訳『実存・空間・建築（ＳＤ選書78）』鹿島研究所出版会、一九七三

第４章

・『世界都市人口概要２００９』
・村松伸、加藤浩徳、森宏一郎『メガシティ1――メガシティとサステナビリティ』東京大学出版会、二〇一六
・World Urbanism Prospects, *The 2009 Revision*, United Nations
・United Nations, Department of Economic and Social Affairs, Population Division (2017). *World Population Prospects: The 2017 Revision*, Key Findings and Advance Tables. Working Paper No. ESA/P/WP/248.
・ダリル・ブリッカー、ジョン・イビットソン著、倉田幸信訳『２０５０年世界人口大減少』文藝春秋、二〇二〇

・三浦詩乃・川添善行・中井祐「沖縄県竹富島の集落景観と風環境調整機能の関係性」『景観・デザイン研究講演集』二〇一〇
・篠原修・内藤廣・川添善行・崎谷浩一郎『このまちに生きる――成功するまちづくりと地域再生力』彰国社、二〇一三
・都築響一『TOKYO STYLE』京都書院、一九九七
・芦原義信『街並みの美学』一九七九、岩波書店
・南後由和『ひとり空間の都市論』筑摩書房、二〇一八
・樋口忠彦『景観の構造――ランドスケープとしての日本の空間』技報堂出版、一九七五
・ケヴィン・リンチ著、丹下健三、富田玲子訳『都市のイメージ』岩波書店、一九六〇（原著）、一九六八（訳書）
・桑子敏雄『環境の哲学――日本の思想を現代に活かす』講談社、一九九九
・矢野ひかる「街のイメージ分析のためのフォントに関する研究」東京大学大学院工学系研究科修士論文、二〇一七
・マット・リドレー著、大田直子、鍛原多恵子、柴田裕之訳『繁栄――明日を切り拓くための人類10万年史』早川書房、二〇一〇

第5章

・アルド・ロッシ著、大島哲蔵・福田晴虔訳『都市の建築』大龍堂書店、一九六六（原著）、一九九一（訳書）
・陣内秀信・中山繁信編『実測術――サーベイで都市を読む・建築を学ぶ』学芸出版社、二〇〇一
・クリストファー・アレグザンダー著、稲葉武司、押野見邦英訳『形の合成に関するノート／都市はツリーではない（SD選書263）』鹿島出版会、一九六四（原著）、二〇一三（訳書）
・クリストファー・アレグザンダー著、平田翰那訳『パタン・ランゲージ――環境設計の手引』鹿島出版会、一九七七（原著）一九八四（訳書）
・ロバート・ヴェンチューリ著、伊藤公文訳『建築の多様性と対立性（SD選書174）』鹿島出版会、一九六六（原著）、一九八二（訳書）
・ロバート・ヴェンチューリ、デニス・ブラウン、スティーヴン・アイゼナワー著、石井和紘、伊藤公文訳『ラスベガス（SD選書143）』鹿島出版会、一九七二（原著）、一九七八（訳書）
・秋元馨『現代建築のコンテクスチュアリズム入門――環境の中の建築／環境をつくる建築』彰国社、二〇〇二
・ケネス・フランプトン著、中村敏男訳『現代建築史』青土社、一九九二（原著）、二〇〇三（訳書）
・都市デザイン研究体『日本の都市空間』彰国社、一九六八
・『建築文化』一九六三年一二月号、彰国社

- 伊藤ていじ、二川幸夫『日本の民家』美術出版社、一九六二
- 宮脇檀著、法政大学宮脇ゼミナール編『日本の伝統的都市空間——デザイン・サーベイの記録』中央公論美術出版、二〇〇三
- 中川香怜「現代の日本建築における「開く」の概念について」東京大学大学院工学系研究科修士論文、二〇二一
- 宇沢弘文、茂木愛一郎『社会的共通資本——コモンズと都市』東京大学出版会、一九九四

第6章

- ケヴィン・リンチ著、山田学訳『新版 敷地計画の技法』鹿島出版会、一九七一（原著）、一九八七（訳書）
- Peter Roberts, Hugh Sykes, *Urban Regeneration: A Handbook*, SAGE Publications Ltd, ２０００
- ジェイン・ジェイコブズ著、山形浩生訳『新版 アメリカ大都市の死と生』鹿島出版会、一九六一（原著）、二〇一〇（訳書）
- ヤン・ゲール著、北原理雄訳『建物のあいだのアクティビティ（ＳＤ選書２８４）』鹿島出版会、一九七一（原著）、二〇一一（訳書）
- ヤン・ゲール著、北原理雄訳『人間の街——公共空間のデザイン』鹿島出版会、二〇一〇（原著）、二〇一四（訳書）
- Ｗ・Ｈ・ホワイト著、柿本照夫訳『都市という劇場——アメリカン・シティ・ライフの再発見』日本経済新聞社、一九八八（原著）、一九九四（訳書）
- 篠原修、辻喜彦、内藤廣『ＧＳ群団総力戦 新・日向市駅——関係者が熱く語るプロジェクトの全貌』彰国社、二〇〇九
- 清水博『場の思想』東京大学出版会、二〇〇三
- リチャード・ロジャース、フィリップ・グムチジャン著、野城智也、和田淳、手塚貴晴訳『都市、この小さな惑星の』鹿島出版会、二〇〇二
- 東京大学cSUR-SSD研究会編著『世界のＳＳＤ１００——都市持続再生のツボ』彰国社、二〇〇七

第7章

- 中村雄二郎『共通感覚論』岩波書店、二〇〇〇
- 佐々木健一『美学への招待』中央公論新社、二〇〇四
- 師田侑一郎「建築における他者性——現代住宅リノベーションを対象に」東京大学大学院工学系研究科修士論文、二〇二〇
- ペーター・ツムトア著、鈴木仁子訳『空気感（アトモスフェア）』みすず書房、二〇〇六（原著）二〇一五（訳書）

図版クレジット

第2章

・41頁　『理科年表プレミアム』（丸善出版）のデータを元に著者作成

・43頁上　Jorn Utzon, "Platforms and Plateaus. Ideas of A Danish Architect.", *Zodiac10*, Edizioni di Comunita, 1962

・53頁上　アントニン・レーモンド著、三沢浩訳『自伝アントニン・レーモンド』鹿島出版会、二〇〇七

第4章

・105頁　United Nations, *World Urbanization Prospects 2018* より作成

・123頁　撮影：山田裕貴

特記なき図版は、著者提供

川添善行（かわぞえよしゆき）

建築家。東京大学生産技術研究所准教授。空間構想一級建築士事務所。一九七九年神奈川県生まれ。東京大学卒業、オランダ留学後、博士号取得。「東京大学総合図書館別館」「望洋楼」「四国村ミウゼアム」などの建築作品や、『EXPERIENCE 生命科学が変える建築のデザイン』（監訳、鹿島出版会、二〇二四）、『空間にこめられた意思をたどる』（幻冬舎、二〇一四）、『このまちに生きる』（彰国社、二〇一三）などの著作がある。BCS賞、BELCA賞、ロヘリオ・サルモナ・南米建築賞名誉賞、東京建築賞最優秀賞、日本建築学会作品選集新人賞、グッドデザイン未来づくりデザイン賞など。

OVERLAP《オーバーラップ》
空間《くうかん》の重《かさ》なりと気配《けはい》のデザイン

二〇二四年一月二五日　第一刷発行

著者　川添善行
発行者　新妻充
発行所　鹿島出版会
〒一〇四−〇〇六一
東京都中央区銀座六−一七−一
銀座六丁目-SQUARE七階
電話　〇三−六二六四−二三〇一
振替　〇〇一六〇−二−一八〇八八三
印刷・製本　壮光舎印刷
デザイン　加藤賢策、鎌田紗栄（LABORATORIES）

ISBN 978-4-306-04710-5 C3052

本書の内容に関するご意見・ご感想は左記までお寄せ下さい。
URL: https://www.kajima-publishing.co.jp/
e-mail: info@kajima-publishing.co.jp